GU RATGEBER
LEBEN

Dr. Friedhelm Mühleib

Fit, schön und gesund – Vitamine

Mit Freude und Genuß zu Leistungskraft und Wohlbefinden.

Alle Vitamine auf einen Blick: Aufgaben, täglicher Bedarf, vitaminreiche Lebensmittel.

Mit Test: Ihr persönliches Vitamin-Profil.

Empfehlungen und Rezeptideen.

GU GRÄFE UND UNZER

Die Deutsche Bibliothek – CIP Einheitsaufnahme

Mühleib, Friedhelm:
Fit, schön, gesund – Vitamine : mit Freude und Genuss zu Leistungskraft und Wohlbefinden ; alle Vitamine auf einen Blick: Aufgaben, täglicher Bedarf, vitaminreiche Lebensmittel ; mit Test: Ihr persönliches Vitamin-Profil ; Empfehlungen und Rezeptideen für jeden Tag / Friedhelm Mühleib. – 1. Aufl. – München : Gräfe und Unzer, 1993
(GU-Ratgeber Leben)
ISBN 3-7742-6210-1

Redaktion: Doris Birk
Lektorat: Christine Majcen-Kohl
Fotos: U1/Christophe Schneider; Doppelseiten 30/31, 48/49/Georg Wunsch; Vitaminkristalle, Seite 32 bis 80/Arbeitskreis Ernährungs- und Vitamininformation e.V.; Obst und Gemüse, Seite 108 bis 111/Fotostudio Teubner
Herstellung: Monika Pamp
Layout-Konzept und Umschlaggestaltung: Heinz Kraxenberger
Satz: Design-Typo-Print GmbH
Druck und Bindung: Grafedit, Bergamo

ISBN 3-7742-6210-1

Inhalt

Ein Wort zuvor

Vitamine Wundermittel?

Was erwarten wir von den Vitaminen? Vermutlich zu viel! Kaum ein anderer Begriff aus dem Bereich Ernährung wird mit so vielen Ansprüchen und Erwartungen verbunden wie »Vitamine«. Sie stehen für Gesundheit, Energie, Aktivität und Spannkraft; sie sollen für gute Laune und Konzentrationsfähigkeit sorgen, und manche erwarten von ihnen sogar Wunder – beispielsweise bei der Bekämpfung von Zivilisationskrankheiten wie Krebs, Herzinfarkt oder Rheuma.
Was wissen wir von Vitaminen? Vermutlich zu wenig! Bei genauerem Hinsehen sind unsere Vorstellungen von den Vitaminen und einer ausreichenden Vitaminversorgung ziemlich diffus. Wir wissen, daß Obst und Gemüse vitaminreich sind. Bei der Frage, welche Obst- und Gemüsesorten besonders viel von welchem Vitamin enthalten, müssen die meisten passen. Vitamin C – das kennt natürlich jeder. Und oftmals wird diesem Vitamin, pauschalierend für die Wirkung aller Vitamine, zuviel zugetraut. Die übrigen Vitamine verschwimmen dagegen vor unserem geistigen Auge. Das bedeutet, daß wir viele Vitaminlieferanten, die neben Obst und Gemüse für unsere Gesunderhaltung wichtig sind, nicht kennen und deswegen unterschätzen.

Wer kennt schon seinen Vitaminbedarf

Risikofaktoren beeinflussen den Bedarf

Geht es schließlich um ganz konkrete Fragen der persönlichen Vitaminversorgung, stößt man meist auf ganz große Unsicherheit: Bekomme ich genügend Vitamine durch mein Essen? Bin ich in meiner gesundheitlichen Situation oder meiner momentanen Lebenssituation bestimmten Belastungen ausgesetzt, die meinen Vitaminbedarf erhöhen? Welche Lebensmittel muß ich zu mir nehmen, um mich mit einem ganz bestimmten Vitamin besser zu versorgen? – Diese Fragen lassen sich ohne fachliche Hilfestellung eigentlich gar nicht mehr beantworten.

Vitaminpräparate

Wie viel von Vitaminen erwartet wird, zeigt auch der schnelle und häufige Griff zu Vitamintabletten. Schlapp, müde, abgespannt, gestreßt? Da ist Vitaminmangel immer eine bequeme Erklärungsmöglichkeit.

Im Durchschnitt sind wir gut versorgt

Risikogruppen Risikovitamine

Der Durchschnittsbürger ist heute mit Vitaminen gut versorgt. Echte Vitamin-Mangelkrankheiten wie Rachitis, Skorbut und Pellagra existieren hierzulande schon lange nicht mehr. Wenn überhaupt, dann wird für bestimmte Risikogruppen eher von einer unsicheren Bedarfsdeckung als von einem handfesten Mangel gesprochen – von Ausnahmen abgesehen. Andererseits wird in verschiedenen Untersuchungen immer wieder deutlich, daß es auch Risikovitamine gibt, mit denen kaum jemand optimal versorgt ist.

Vitamine beugen Krankheiten vor

Darüber hinaus hat die Vitaminforschung gerade in der jüngsten Zeit gezeigt, daß der jetzige Stand der Erkenntnisse noch lange nicht der endgültige ist. Daß die Vitamine A, C und E mit großer Wahrscheinlichkeit gegen bestimmte Krebsformen, Herzinfarkt und Rheuma vorbeugend wirken können, gehört zu den bisher aufregendsten Ergebnissen.

Mehr darüber erfahren Sie in den folgenden Kapiteln. Sie erhalten praktische Tips, wie Sie sich optimal mit Vitaminen versorgen können, und wie sich Vitaminverluste vermeiden lassen. Sie können herausfinden, ob Sie zu den Risikogruppen gehören und was es mit »Vitaminräubern« auf sich hat. Dazu gehört natürlich auch eine Übersicht über alle Vitamine und ihre Funktion, über Mangelerscheinungen, Bedarf und Vorkommen in den Lebensmitteln sowie über die Verwendung von Vitaminen im Bereich der Medizin.

Wie kündigt sich ein Mangel an? Können Vitamine tatsächlich vor Krebs, Herzinfarkt und anderen Zivilisationskrankheiten schützen? Sollte man Vitaminpräparate einnehmen, und wenn ja, macht es einen Unterschied, ob es sich dabei um natürliche Vitamine handelt, die aus Lebensmitteln gewonnen wurden, oder um synthetische Vitamine? Auch das sind Fragen, die dieser praktische Ratgeber dem interessierten Laien beantwortet.

Und nicht nur die wohltuenden, gesundheitsfördernden Eigenschaften der Vitamine, dieser unsichtbar wirkenden Stoffe, sind in diesem Buch dargestellt. Mikroskopaufnahmen in 450facher Vergrößerung machen auch ihre bizarre Schönheit sichtbar.

Ohne Vitamine geht es nicht

Was sind eigentlich Vitamine?

Lebensnotwendige Stoffe

Vitamin – zwei lateinische Begriffe stecken in diesem Wort: *vita* = das Leben und *amin* = stickstoffhaltig. Der Wissenschaftler Funk, der den Begriff »Vitamin« bereits im Jahr 1911 schuf, war der Ansicht, Vitamine seien lebensnotwendige Stoffe, die alle Stickstoff enthalten.
Mit der ersten Annahme hatte Funk recht. »Vitamine sind organische Verbindungen, die vom Organismus für lebenswichtige Funktionen benötigt werden, aber im Stoffwechsel gar nicht oder nicht in ausreichendem Umfang hergestellt werden können«. So steht es als Definition im Vitamin-Lexikon für Ärzte, Apotheker und Ernährungswissenschaftler.

Wichtig: Über die Jahrtausende seiner Entwicklung hat der menschliche Körper die Fähigkeit verloren, Vitamine selbst herzustellen. Viele primitive Lebewesen (Tiere) besitzen diese Fähigkeit bis heute. Der Mensch muß die Vitamine als *essentielle* = lebensnotwendige Nährstoffe mit der Nahrung aufnehmen. Fehlt über längere Zeit auch nur ein Vitamin völlig in der Nahrung, führt das zu Mangelerscheinungen und schließlich zum Tod.

Vitamine steuern und regeln

Heute kennen wir 13 Vitamine, und inzwischen wissen wir auch, daß Funk mit seiner zweiten Annahme unrecht hatte. Stickstoff *(= amin)* enthalten längst nicht alle Vitamine. Die Vitamine sind sich zwar in ihrer Wirkung ähnlich: Sie alle vermitteln als Steuer- und Regelsubstanzen wichtige chemische Stoffwechselreaktionen in unserem Körper. Chemisch betrachtet, handelt es sich aber um völlig unterschiedliche Substanzen, die untereinander kaum Ähnlichkeiten oder Verwandtschaft erkennen lassen.
Die Bezeichnung der einzelnen Vitamine mit einem System aus Buchstaben und Zahlen ist nicht systematisch und für den Laien eher verwirrend. So gibt es die Vitamine B1, B2, B6 und B12. Vitamine mit den dazwischenliegenden Bezeichnungen B3, B4 oder B7 dagegen gibt es nicht.

Vitamine – damit unser Stoffwechsel richtig funktioniert

Der Stoffwechsel ist unser Motor, und der »Sprit«, den dieser Motor in Energie verwandelt, ist unsere Nahrung. Jeder Motor braucht Schmierstoffe, um reibungslos zu funktionieren. Die Vitamine gehören zu den wichtigsten »Schmierstoffen« in unserem Stoffwechsel.

Energiequelle Stoffwechsel

Stoffwechsel heißt: Nahrung aufnehmen, Energie daraus gewinnen, Körperbestandteile daraus aufbauen und nicht mehr Benötigtes ausscheiden. Der Stoffwechsel regelt den lebenslangen Auf-, Um- und Abbau unserer Körperzellen und steuert Wachstum, Entwicklung und Alterungsprozesse unseres Körpers. Doch nicht nur die langfristigen Lebens- und Entwicklungsprozesse werden vom Stoffwechsel programmiert. Er sorgt auch für das Funktionieren aller »Arbeitsprozesse« in unserem Körper. Er liefert die Energie für das Pumpen der Lunge, das Schlagen des Herzens und das stille, dauernde Funktionieren aller anderen Organe. Er tut das, indem er die energieverbrauchenden Systeme unseres Körpers ständig mit Brenn- und Wirkstoffen aus der Verdauung versorgt.

Diese »Betriebsstoffe« unseres Körpers sind normalerweise Bestandteile unserer Lebensmittel. Die Ernährungswissenschaft unterscheidet sie wie folgt:

Betriebstoffe aus der Nahrung

- Brenn- und Baustoffe (energieliefernde Nährstoffe, also alles, was Kalorien bringt)
  - Eiweiß
  - Fett
  - Kohlenhydrate
- Wirkstoffe (Nährstoffe, die keine Energie liefern)
  - Vitamine
  - Mineralstoffe
  - Spurenelemente
- Wasser, das Medium, ohne das der Stoffwechsel und die Lebensvorgänge in unserem Körper nicht ablaufen können.

Vitamine – wichtige Wirkstoffe

Zur reibungslosen Verwertung der energieliefernden Nährstoffe Eiweiß, Fett und Kohlenhydrate braucht der Stoffwechsel die Wirkstoffe: Mineralstoffe, Spurenelemente und Vitamine. Man kann ihre Funktion tatsächlich gut mit der von Schmierstoffen im Motor vergleichen. Viele biochemische Stoffwechselreaktionen können nur in Gegenwart von bestimmten Mineralstoffen und Vitaminen ablaufen, die als Bestandteil von Enzymen regelrecht Vermittler beziehungsweise Auslöser dieser Reaktionen sind, aus denen unser Organismus letztlich seine Lebensenergie schöpft.
Stofflich betrachtet ist unser Körper nichts anderes als ein Nährstoff-Speicher: Er besteht aus 15–20 Prozent Eiweiß, 4–6 Prozent Fett, 1 Prozent Kohlenhydraten und 4–5 Prozent Mineralstoffen und Spurenelementen. Der Rest von ungefähr 65–70 Prozent ist Wasser.
Die Vitamine fallen dabei nicht ins Gewicht. Die gesamten Vitaminvorräte unseres Körpers ergeben zusammen nur wenige Gramm.

Wieviel Vitamine braucht der Mensch?

»Wer Vitamin C und andere Vitamine in ausreichender Menge zu sich nimmt, kann die Länge seines Lebens und die Periode intakter Gesundheit um schätzungsweise 25 Jahre verlängern«. Dieser Satz stammt von dem Chemie-Nobelpreisträger Linus Pauling. Mit seiner blendenden Gesundheit scheint der inzwischen bald 100jährige, der nach eigenem Bekunden täglich große Mengen Vitamine zu sich nimmt, der lebende Beweis für diese Theorie zu sein.

Bedarf – bei vielen Vitaminen umstritten

Welche Mengen Vitamine der Mensch tatsächlich braucht, daran scheiden sich immer noch die Geister. Angaben zum Vitaminbedarf sind meist aus den »Empfehlungen für die wünschenswerte Zufuhr« errechnet. Diese Empfehlungen stammen von der Deutschen Gesellschaft für Ernährung (DGE) und sind das Ergebnis der Arbeit einer Kommission angesehener Ernährungswissenschaftler.

Bedarf oder wünschenswerte Zufuhr – wo liegt der Unterschied?

Empfehlungen weit über dem Bedarf

Dazu ein Beispiel: Die DGE empfiehlt als wünschenswerte Zufuhr für Vitamin C 75 Milligramm pro Tag – also etwa die Menge, die in einer großen Apfelsine enthalten ist. Bereits eine tägliche Dosis von 10 bis 15 Milligramm Vitamin C verhindert das Auftreten sichtbarer Mangelerscheinungen. Bei einer Aufnahme von 20 bis 25 Milligramm Vitamin C täglich ist eine optimale Wundheilung garantiert – ein Prozeß, der ohne dieses Vitamin nicht funktioniert.

Die Zahlen zeigen allerdings, daß die Empfehlungen für die Zufuhr meist weit über dem Bedarf liegen. Denn der Bedarf ist nichts anderes als »die kleinste Vitaminmenge, die zugeführt werden muß, um bei einem Menschen Mangelerscheinungen zu verhindern«. Diese scheinbar klare Definition wird äußerst kompliziert, wenn es um die genaue Festlegung für diese kleinste Vitaminmenge geht. Das ist auch deswegen so schwierig, weil der Vitaminbedarf von Mensch zu Mensch unterschiedlich hoch ist.

Die individuellen Vitaminmengen sind unter anderem abhängig von folgenden Faktoren:

- Stoffwechsel – die Höhe der Vitaminaufnahme aus der Nahrung, die Körperreserven, der Vitaminverbrauch und die Vitaminausscheidung sind ganz persönliche Größen. Bei manchen werden die Vitamine vom Stoffwechsel besser verwertet als im Durchschnitt, bei anderen schlechter.

Beeinflussende Faktoren

- Lebensumstände beeinflussen den persönlichen Vitaminbedarf: Wer unter Streß steht, wer einen Beruf mit intensiver körperlicher Arbeit ausübt, wer raucht oder trinkt hat einen erhöhten Vitaminbedarf.
- Risikogruppen – Schwangere, Stillende, Kleinkinder, Jugendliche, alte Menschen, Kranke – haben einen höheren Vitaminbedarf als der Durchschnitt der Bevölkerung (→ Risikogruppen, Seite 87).

Bedarfsermittlung

Um den tatsächlichen Bedarf festzustellen, haben sich die Wissenschaftler eine Reihe ausgeklügelter Analysen ausgedacht. Doch auch die können bei den meisten Vitaminen aus den genannten Gründen nicht zu exakten Bedarfswerten führen.

Meßbar im Blut

Man versucht zwar, über die Messung des Vitaminspiegels im Blut Bedarf und Mangel zu erkennen, doch lassen sich nur schwer klare Grenzlinien ziehen. Immerhin kann man, je nach Vitamingehalt des Blutes, feststellen, ob ein hohes oder ein mittleres Risiko besteht, oder die Versorgung gesichert ist.

Bei Verdacht auf Mangel: Vitaminstatus

Wenn Sie befürchten, unter einem Vitaminmangel zu leiden, sprechen Sie mit Ihrem Arzt über die Möglichkeit, einen Vitaminstatus zu erstellen. Wenn der Arzt in einem solchen Gespräch Ihren Verdacht bestätigt, kann er durch entsprechende Analyse Ihre Vitaminversorgung beziehungsweise den Vitamingehalt im Blutserum messen. Diese Analysen sind aufwendig und teuer und die Ergebnisse lassen eben oft nur eine vage Aussage zu. Die bessere Alternative ist, dem Mangel oder der Unterversorgung durch eine vollwertige und abwechslungsreiche Ernährung vorzubeugen.

Was Sie über die »Empfehlungen zur wünschenswerten Zufuhr« wissen sollten:
Verzehrsempfehlungen für die Vitaminzufuhr – auch die der DGE – sind Orientierungshilfen für den einzelnen. Sie können hilfreich sein bei der Gestaltung Ihrer individuellen Ernährung oder beim Abschätzen eines Mangels. Im Verdachtsfall muß jedoch der tatsächliche Versorgungszustand mit biochemischen Methoden gemessen werden.
Die empfohlene Menge übersteigt in der Regel den tatsächlichen Bedarf des Durchschnittsbürgers erheblich. In den Empfehlungen der DGE werden dem angenommenen Bedarf immer hohe Sicherheitszuschläge zugerechnet, um auch die Versorgung von Risikogruppen zu garantieren.

Vitaminbilanz

Die empfohlenen Mengen müssen Sie nicht jeden Tag gleichmäßig zu sich nehmen. Es reicht völlig, wenn Sie die empfohlene Vitaminbilanz im Wochenrhythmus ausgleichen.

Mit Hilfe des anschließenden Tests können Sie herausfinden, ob Sie täglich genügend Vitamine zu sich nehmen.

Ihr persönliches Vitamin-Profil

Sind Sie gut mit Vitamin C versorgt? Fühlen Sie sich häufig schlapp und ohne Energie? Müssen Sie regelmäßig Medikamente einnehmen? Stillen Sie gerade Ihr Baby? Stehen Sie permanent unter Steß?
Wie gut Ihr Körper mit Vitaminen versorgt ist, hängt von drei Faktoren ab: Ernährung, aktueller Gesundheitszustand, Lebensweise beziehungsweise Lebenssituation. Der nachfolgende Test bietet Ihnen die Möglichkeit, diese Bereiche bei sich genau durchleuchten. Sie können herausfinden, ob Sie durch Ihre persönliche Ernährungsweise von manchen Vitaminen zu wenig bekommen. Oder ob Sie aufgrund Ihrer Lebensweise mehr Vitamine benötigen als Sie bisher mit Ihrer Nahrung aufnehmen. Vielleicht stellen Sie aber auch fest, daß Sie optimal mit allen Vitaminen versorgt sind.
Ab Seite 14 finden Sie das Ergebnis Ihres Tests. Sie erfahren, ob Ihr Vitaminhaushalt grundsätzlich stimmt, ob er verbessert werden könnte, oder ob Sie sich ernsthaft um ihn sorgen müssen.

Wichtig: Dieser Test ist als Abfrage der individuellen Versorgung mit Vitaminen gedacht. Alle Symptome, die durch einen Vitaminmangel hervorgerufen werden, können auch Anzeichen für einen Mangel an anderen Nährstoffen sein oder für akute oder chronische Erkrankungen. Beim Zusammenwirken aller Nährstoffe und ihrer Bedeutung für die gesundheitserhaltende Versorgung des Organismus spielen die Vitamine aber in jedem Fall eine entscheidende Rolle.

Ernährung

Wie häufig essen Sie frisches Obst und Gemüse, und wie oft trinken Sie Obst- oder Gemüsesäfte?

☐ **A** täglich ☐ **B** weniger als dreimal pro Woche

Stehen Vollkornbrot, Müsli und Getreidegerichte regelmäßig auf Ihrem Speiseplan?

☐ **A** ja ☐ **B** weniger als einmal die Woche

Verwenden Sie zum Anmachen von Salaten kaltgepreßte pflanzliche Öle, und essen Sie gerne Nüsse oder Sonnenblumenkerne?

☐ **A** regelmäßig ☐ **B** weder noch

Sind Sie Vegetarier und lehnen Sie Fisch, Eier, Milchprodukte ab, trinken Sie keine Milch?

☐ **A** nein ☐ **B** ja

Essen Sie gerne und mindestens einmal im Monat Leber?

☐ **A** ja ☐ **B** nein

Lieben Sie Karotten und alle grünen Gemüse, beispielsweise Erbsen, Brokkoli, Grünkohl?

☐ **A** esse ich sehr häufig ☐ **B** esse ich sehr selten

Würzen Sie Ihre Speisen mit vielen frischen Kräutern?

☐ **A** immer ☐ **B** verwende nur getrocknete Kräuter

Essen Sie gerne Currywurst, pommes frites, Hamburger & Co. anstelle gemüse- und salatreicher Hauptgerichte?

☐ **A** selten ☐ **B** mindestens 3mal pro Woche

Essen Sie häufig in der Kantine oder in Restaurants, und sind Fleischgerichte Ihre Favoriten?

☐ **A** nein, selten ☐ **B** ja

Können Sie Süßigkeiten oder sahnigen Tortenstücken widerstehen?

☐ **A** ja, kein Problem ☐ **B** nein

Gesundheit

Haben Sie ein schwaches Bindegewebe und leiden Sie an Krampfadern oder Cellulite?

☐ **A** nein ☐ **B** ja

Ermüden Sie leicht, leiden Sie unter Nervosität und Konzentrationsstörungen?

☐ **A** selten ☐ **B** häufig

Wurde bei Ihnen Eisenmangel festgestellt?

☐ **A** nein ☐ **B** ja

Funktioniert Ihre Verdauung nur mit Hilfe von Abführmitteln?

☐ **A** nein ☐ **B** ja

Nehmen Sie regelmäßig Medikamente?

☐ **A** nein ☐ **B** ja

Sind Sie bei jeder Erkältungs- und Grippewelle mit dabei?

☐ **A** nein ☐ **B** ja, oft

Lebensweise und -situation

Nehmen Sie die Anti-Baby-Pille?
☐ **A** nein ☐ **B** ja
Sind Sie oft, scheinbar grundlos, leicht verstimmt oder labil?
☐ **A** nein ☐ **B** ja, häufig
Sind Sie gerade schwanger oder stillen Sie Ihr Baby?
☐ **A** nein ☐ **B** ja
Trinken Sie täglich Alkohol (Bier, Wein Schnaps)?
☐ **A** nein, nur gelegentlich ☐ **B** regelmäßig
Rauchen Sie mehr als 6 Zigaretten am Tag?
☐ **A** weniger/gar nicht ☐ **B** ja
Machen Sie sehr häufig Diäten?
☐ **A** nein ☐ **B** ja
Sind Sie unter 18 Jahre alt?
☐ **A** nein ☐ **B** ja

Ihr Testergebnis

Zählen Sie jetzt zusammen, wie oft Sie Alternative A angekreuzt haben und wie oft Alternative B, und lesen Sie die Ihrem Ergebnis entsprechende Auswertung:

22- bis 15mal Alternative A angekreuzt

Wenn Sie die maximale Punktzahl erreicht haben, sind Sie offensichtlich ein Mensch, der außerordentlich gesund lebt. Wie wichtig Vitamine sind und in welchen Lebensmitteln sie vorkommen, darüber wissen Sie gut Bescheid. Wahrscheinlich ernähren Sie sich auch sonst sehr bewußt, also kalorienarm, mit wenig Fett und wenig Süßigkeiten. Obst und Gemüse kommen bei Ihnen regelmäßig in unterschiedlicher Zubereitung auf den Tisch, Ihre Ernährung ist ausgewogen, und mit Vitaminen sind Sie gut versorgt. Selbst wenn Sie zwischendurch einmal über die Stränge schlagen oder wenig Vitamine zu sich nehmen, bedeutet das nicht gleich eine Schädigung Ihrer Gesundheit. Ihr Organismus kann bei einigen Vitaminen auf körpereigene Depots zurückgreifen.
Grundsätzlich gilt die Regel: Die Bilanz der Vitamine muß bezogen auf eine Woche stimmen.

14- bis 5mal Alternative B angekreuzt

Ihre Ernährungsweise kann Sie leicht in einen Vitaminmangel führen. Gehören Sie dazu einer der Risikogruppen an (Lesen Sie bitte nach auf Seite 87), kann das die Gefahr eines schlechten Vitaminstatus noch befördern.
Fühlen Sie sich öfter unwohl, ohne einen eindeutigen Grund dafür zu finden, macht Ihnen nachlassende Spannkraft manchmal den Alltag schwer, werden Sie leicht nervös und ungeduldig und fällt es Ihnen häuig schwer, sich zu konzentrieren? Bevor aus diesen möglichen ersten Anzeichen für einen Vitaminmangel handfeste Symptome werden, sollten Sie Ihre tägliche Ernährungsweise überdenken und Schwachstellen in der Vitaminversorgung aufspüren. Ergänzen Sie Ihre Kost durch frische Säfte (Vitamin C), Milch, Milch- und Vollkorprodukte (Vitamine B1, B2, Biotin, Niacin), essen Sie jeden Tag einen bunten Salat (Vitamine A, C, K, Folsäure), angemacht mit kaltgepreßtem Pflanzenöl (Vitamin E), bringen Sie leckere Gemüsegerichte auf den Tisch und hin und wieder ein Stück Fleisch oder Fisch (Vitamine B6, D). Obst je nach Jahreszeit und eine Handvoll Nüsse sind vitaminreich und bringen neue Power. Zufuhrempfehlungen finden Sie in den Vitamin-Steckbriefen ab Seite 31.

5mal und seltener Alternative A angekreuzt

Wenn Sie weniger als 5mal die Antwort A angekreuzt haben, befinden Sie sich möglicherweise bereits in einem Mangelzustand an verschiedenen Vitaminen, der schwere gesundheitliche Schäden bewirken kann. Lassen Sie es nicht so weit kommen. Suchen Sie Ihren Arzt oder die Ernährungsberatungsstelle an Ihrem Wohnort auf und besprechen Sie gemeinsam, wie Sie diesen Mangel am schnellsten beseitigen können.
Ernährungsumstellung und möglicherweise eine Veränderung der Lebensweise sind erste wichtige Schritte. Allein damit aber ist eine Mangelversorgung mit Vitaminen nicht schnell genug zu beheben. Als erste unterstützende Hilfe kann in einer solchen Situation ein Vitaminpräparat zugeführt werden – die Entscheidung über das für Sie geeignete Präparat sollten Sie mit Ihrem Arzt treffen.

Ein Mangel kommt schleichend

Wer mit seiner täglichen Nahrungszufuhr die empfohlene Bedarfsmenge nicht ganz erreicht, braucht noch keine Angst vor einem Mangel zu haben. Die hohen Sicherheitszuschläge, die in den Zufuhrempfehlungen der Deutschen Gesellschaft für Ernährung enthalten sind, sollten jedoch nicht dazu verleiten, Vielfalt und Menge der Vitaminzufuhr zu vernachlässigen. Fehlernährung wäre die Folge.
Wenn ein Lebensmittel laut Tabelle eine bestimmte Vitaminmenge enthält, heißt das aber noch lange nicht, daß diese Menge auch nach der Zubereitung noch vorhanden ist und unvermindert in unserem Stoffwechsel ankommt:

Vitaminschwund einkalkulieren

• Viele Angaben werden für frische, rohe, unverarbeitete Lebensmittel gemacht. Einflüsse wie Licht, Sauerstoff, Hitze (Dünsten, Kochen, Backen, Braten), Zerkleinern oder Schälen vermindern den Vitamingehalt enorm.

Antivitamine

• In unserer Nahrung gibt es auch Gegenspieler der Vitamine, sogenannte Antivitamine. Das sind Substanzen, die das jeweilige Vitamin chemisch unwirksam machen oder seine Aufnahme in den Körper blockieren. Bekanntes Beispiel: Eier sind reich an Biotin. Rohe Eier enthalten Avidin. Diese chemische Substanz setzt das Vitamin außer Gefecht.

• Andere Vitamine liegen in bestimmten Lebensmitteln chemisch gebunden an andere Stoffe vor und können dadurch nicht mehr in den Körper aufgenommen werden. Beispiel: Das Niacin liegt in Getreide in einer Verbindung vor, die von unserer Verdauung nicht verwertet wird.

Verwertbarkeit ist unterschiedlich

• In manchen Fällen kann das Fehlen anderer Nährstoffe die Verwertung der Vitamine verschlechtern oder verhindern. Beispiel: β-Carotin, die Vorstufe des Vitamin A im Gemüse, wird nur in ganz geringen Mengen aufgenommen, wenn das Gemüse – zum Beispiel als Rohkost – völlig ohne Fett zubereitet wird. Hier können ein paar Tropfen Öl das Problem bereits lösen.

Die aufgeführten Gründe lassen es ratsam erscheinen, sich an den Empfehlungen zu orientieren und, im Interesse der eigenen Gesundheit, eine optimale Vitaminversorgung zu sichern. Auch deswegen, weil ein Mangel nicht von heute auf morgen wie beispielsweise ein Grippe kommt, sondern fast unmerklich, »auf leisen Sohlen«.

So entwickelt und äußert sich ein Mangel

Sinkt die Aufnahme eines Vitamins unter den Bedarf, entleeren sich zunächst die Vitaminspeicher. Wie lange der Vorrat reicht, hängt bei jedem individuell von der Speicherkapazität des Körpers für das jeweilige Vitamin ab.

Blutwerte zeigen den Versorgungsstand

Sind die Speicher erschöpft, sinkt der Vitaminspiegel im Blut. Aus solchen erniedrigten Blutwerten können Mediziner den ersten Verdacht schöpfen, daß ein Mangel droht. Das persönliche Befinden kann in diesem Stadium noch völlig normal sein. Müdigkeit, Abgeschlagenheit und Konzentrationsschwäche können allerdings erste subjektive Warnzeichen sein.

Der Vitamingehalt im Blut sinkt so weit, daß die Vitamine ihre Aufgaben als Steuer- und Reglersubstanzen im Stoffwechsel nicht mehr voll erfüllen können. Die Auswirkungen: die Produktion vitaminabhängiger Enzyme, Eiweißstoffe und Hormone geht zurück. Die Weltgesundheitsorganisation (WHO) bezeichnet diesen Zustand als Frühstadium des Mangels.

Erste klinische Symptome treten auf. Meist sind diese Symptome unspezifisch, beeinträchtigen aber bereits häufig die Gesundheit. Bei Vitamin-K-Mangel ist in dieser Phase die Blutgerinnungszeit verlängert; bei Vitamin-D-Mangel vermindert sich jetzt der Kalkgehalt der Knochen; bei Vitamin-C-Mangel ist die Infektabwehr geschwächt und die Wundheilung verzögert.

Mangelerkrankungen sofort behandeln

Jetzt erst treten die charakteristischen Vitamin-Mangelerkrankungen auf. Bei Vitamin-B12-Mangel zeigt sich das volle Bild der perniziösen Anämie (Blutarmut), bei Vitamin-C-Mangel bricht der Skorbut aus, bei Vitamin-B1-Mangel kommt es zu Beri-Beri und Vitamin-D-Mangel löst die Mangelrachitis aus. Noch lassen sich die Krankheitsbilder durch rasche Zufuhr der entsprechenden Vitamine vollständig wieder rückgängig machen.

Im Endstadium des Vitaminmangels kommt es zu nicht mehr umkehrbaren Mangelsymptomen. Unbehandelt führt jeder Vitaminmangel in letzter Konsequenz zum Tod. Vitamine sind eben *essentiell* = lebenswichtig.

So lange reichen die Reserven	
Vitamin B12	3–5 Jahre
Vitamin A	0–1 Jahr
Folsäure	3–4 Monate
Vitamin C, Niacin	nicht speicherfähig
Vitamin B2, Vitamin B6	2–6 Wochen
Vitamin K	nicht speicherfähig
Vitamin B1 (Thiamin)	1–2 Wochen

Suboptimale Versorgung und ihre Gründe

Skorbut & Co. als klassische Mangelkrankheiten sind bei uns im Grunde ausgestorben. In der Dritten Welt sieht das völlig anders aus. Dort ist Vitaminmangel ein verbreitetes Übel, das zusammen mit der Unterernährung zu Infektionen, Krankheiten und damit in Hunderttausenden von Fällen zum Tode führt.

Vitaminmangel trotz Wohlstand

In den Industrieländern werden eher die suboptimale, das bedeutet unzureichende Versorgung und deren mögliche Folgen beobachtet. Die Symptome einer suboptimalen Versorgung werden in der Werbung für Vitaminpräparate immer wieder strapaziert: müde, schlapp, unkonzentriert, gestreßt und abgespannt? Die Ursache könnte ein Vitaminmangel sein. Wenn es um Erklärungen für unklare Beschwerden geht, ist man mit der Diagnose »Vitaminmangel« schnell bei der Hand.

Leistungsabfall und Stimmungstief

Wie weit und ob solche Störungen des Allgemeinbefindens tatsächlich auf eine schlechte Vitaminversorgung zurückzuführen sind, ist wissenschaftlich nach wie vor noch nicht geklärt. Allerdings ist ein Zusammenhang mit schlechter Vitaminversorgung in vielen Fällen nicht auszuschließen, auch wenn die Symptome oft auf andere Ursachen zurückzuführen sind. Ernährungsphysiologen haben in sogenannten psychometrischen Versuchen mit Senioren nachgewiesen, daß sich alte Menschen mit niedrigen Versorgungswerten in den Tests nervöser, depressiver und müder zeigten als ihre gut versorgten Altersgenossen. Ihre Stimmung war schlechter, ihre Erregbarkeit größer, Kurzzeitgedächtnis und Merkfähigkeit waren geringer als bei Personen der ausreichend mit Vitaminen versorgten Kontrollgruppe.

Gründe für eine schlechte Versorgung mit Vitaminen oder einen Vitaminmangel

- Unterernährung und Mangelernährung – heute nur noch in den Entwicklungsländern.
- Mangelhafte Verdauung (Maldigestion) – bei dieser Gesundheitsstörung können die Nährstoffe nicht mehr richtig aus den Nahrungsmitteln freigesetzt werden. Tritt zum Beispiel auf bei Menschen, die an Zöliakie (chronische Verdauungsstörung) oder Mukoviszidose (allgemeine Störung der Ausscheidung von Drüsenabsonderungen) leiden.

Krankheiten

- Lebererkrankungen führen oft zu drastischer Abnahme der Vitaminspeicher. Viele Vitamine werden in der Leber gespeichert, die diese Aufgabe dann nicht mehr erfüllen kann.

Risikogruppen

- Zugehörigkeit zu einer Bevölkerungsgruppe mit erhöhtem Vitaminverbrauch: Kinder und Jugendliche im Wachstum, Schwangere, Stillende, alte Menschen (→ Sie brauchen mehr: Die Risikogruppen, Seite 87).
- Infektionen verstärken bereits bestehende Versorgungslücken. Umgekehrt bedingen solche Versorgungslücken – insbesondere bei den Vitaminen A und C – in vielen Fällen die Entstehung von Infektionen. Die Infektanfälligkeit steigt, weil Vitaminmangel die Antikörperbildung, die Bildung von Hilfsstoffen des Immunsystems, zum Beispiel von lysosomalen Enzymen, und die Abwehrbereitschaft vieler Gewebe, insbesondere der Haut und der Schleimhäute, schwächt.

Medikamente

- Langzeitmedikation mit Antibiotika, Verhütungs-Pille oder krampflösenden Mitteln kann Vitaminmangel auslösen oder eine bestehende leichte Unterversorgung verstärken.

Vitamine aus der Apotheke

Für viele ist der Griff zur Vitamintablette naheliegend, um sich vor den Folgen eines Vitaminmangels oder auch nur einer schlechten Versorgung zu schützen. Natürlich weiß man, daß sich unsere Versorgung auch mit einer vollwertigen und abwechslungsreichen Ernährung decken läßt. Aber wer möchte schon die Sisyphusarbeit auf sich nehmen und Tag für Tag nachrechnen, ob die Vitaminbilanz stimmt. Schließlich kennen wir auch unsere ganz persönlichen Ernährungssünden – ob das die Lust auf Süßes ist oder der Hunger auf Fast-Food. Fehlernährung ist meist mit Vitaminmangel verbunden – auch das weiß man ja. Da gehen viele lieber mit der Vitamintablette auf Nummer Sicher.

Mit Vitaminpräparaten auf Nummer Sicher?

Wie ausgiebig von der Selbstmedikation mit Vitamintabletten Gebrauch gemacht wird, zeigen die Verkaufszahlen. In Apotheken werden jährlich Vitaminpräparate im Wert von mehr als 250 Millionen DM umgesetzt. Schätzungsweise 80 Prozent dieser Mittel werden aus rein vorbeugenden Gründen eingenommen. Damit gehören die Vitaminpräparate zu den 15 umsatzstärksten Arzneimittelgruppen in der Apotheke. Nicht eingerechnet ist dabei die Legion der frei verkäuflichen Präparate, die über Reformhäuser, Drogerien und die Gesundheitsregale des Einzelhandels verkauft werden.

Anwendungsformen und Auswirkungen

Es gibt eine Reihe von Gründen, die die Einnahme eines Vitaminpräparates rechtfertigen – es sind im wesentlichen die, die auch als Ursache für einen möglichen Mangel genannt wurden: Zugehörigkeit zu einer Risikogruppe, Fehl- oder Mangelernährung, Krankheit, Rekonvaleszenz, chronische Medikamenteneinnahme und zur Vorbeugung vor allem gegen Krebserkrankungen. Auch wenn ein solcher Grund vorliegt, sollten Sie das Präparat mit einer bestimmten Vorsicht auswählen. Vitaminpräparate werden heute als Tabletten, Dragees, Brausetabletten, Kaubonbons, Saft oder Tropfenlösungen angeboten – also in allen möglichen Darreichungsformen. Neben Monovitaminpräparaten, die nur ein Vitamin enthalten, gibt es zahllose Multivitaminpräparate – und keines gleicht in seiner Zusammensetzung dem anderen. Fragen Sie Ihren Arzt, welches Präparat für Sie am besten geeignet ist. Andernfalls sollten Sie sich die Mühe machen, einen kritischen Blick auf die Dosierungsvorschriften zu werfen. Unbedenklich sind nur solche Präparate, deren Dosie-

Vorsicht bei der Auswahl

Fragen Sie Ihren Arzt

Die Dosierung ist wichtig

rung die von der DGE empfohlene Zufuhrmenge nicht um mehr als das 5- bis maximal das 10fache überschreitet. Bei höheren Dosierungen werden Vitaminmengen erreicht, die einerseits bereits therapeutische Wirkungen entfalten (das heißt, sie wirken wie ein Medikament). Andererseits besteht bei bestimmten Vitaminen die Gefahr einer Überdosierung mit schädlichen Auswirkungen auf Ihre Gesundheit.
In der Regel liegen die Vitamingehalte der freiverkäuflichen Mittel unter der 10fachen Dosis. Ausnahmen bestätigen auch hier die Regel: So gibt es Vitamin-E-Präparate mit einer Dosis von 200 Milligramm pro Dragee und der Empfehlung für 3mal täglich eine Kapsel. Die empfohlene tägliche Zufuhr liegt bei 12 Milligramm! Problematisch wird es, wenn mehrere Präparate gleichzeitig eingenommen werden. Hierbei sollte man besonders darauf achten, daß die Dosis jedes einzelnen Vitamins im Rahmen bleibt.
Werden gleichzeitig andere Medikamente eingenommen, sollte man einen Blick auf die Zusammensetzung werfen. Bei bestimmten Nervenerkrankungen werden Medikamente mit Megadosen an Vitamin B verordnet, bei bestimmten Augenkrankheiten werden hochdosierte Vitamin-A-Präparate eingesetzt. In solchen Fällen sollten keinesfalls zusätzliche Mengen an Vitamin B oder Vitamin A über Vitamin-Produkte zugeführt werden.

Auf die Gesamtzufuhr achten!

Auf Dauer erreicht man eine gesundheitserhaltende Versorgung am ehesten mit der richtigen Ernährung. Schließlich kann die gezielt zusammengesetzte Nahrung von einzelnen Vitaminen durchaus Mengen enthalten, die dem Mehrfachen der empfohlenen Tagesdosis entsprechen. Wie sich die Vitaminversorgung auch ohne große Rechnerei über eine abwechslungsreiche und gesunde Ernährung sichern läßt, lesen Sie ab Seite 98.

Natürlich – besser als synthetisch?

Wenn schon Vitaminpräparate, dann wünschen wir sie uns möglichst natürlich. Wie um alles Chemische rund um unsere Nahrung, sind auch in der Diskussion um Wert und Unwert synthetisch gewonnener Vitamine öffentliche Kontroversen entstanden.

Fast alle Vitamine sind herstellbar

Dazu muß man wissen, daß heute alle Vitamine (mit Ausnahme des Vitamin B12) in großtechnischem Maßstab von der chemischen Industrie produziert werden.
»Natürlich« im eigentlichen Sinne sind nur solche Vitamine, die aus natürlichen Rohstoffen chemisch unverändert gewonnen wurden. Um dem Ideal der Natürlichkeit zu entsprechen, prägten die Verkaufsstrategen eine ganze Reihe von Begriffen.

- »Naturidentisch« bedeutet nichts anderes, als daß die Vitamine chemisch gewonnen wurden und ihre chemische Struktur der Struktur der natürlichen Vitamine entspricht.
- »Aus natürlichen Rohstoffen gewonnen« bedeutet, daß die Vitamine zunächst mit chemischen Hilfsmitteln aus einem Lebensmittel gewonnen und weiterverarbeitet in das Präparat gepackt wurden. So kann das Vitamin E in reiner Form aus Weizenkeimen extrahiert und dann »kapselfertig« gemacht werden.
- »Mit natürlichem Vitamin«: Oft werden einem Präparat geringe Mengen von Vitaminen, die aus Gemüse oder Ölsaaten gewonnen wurden, zugesetzt – im Grunde nur um der Werbewirksamkeit des Wörtchens »natürlich« willen.

In der Wirkung sind sie gleich

Die Gretchenfrage der Verbraucher ist jedoch: Wirken natürliche Vitamine besser als synthetische? Hier gibt es eine klare Antwort: Nein. Die chemische Bezeichnung des Vitamin C zum Beispiel heißt Ascorbinsäure. Ob diese Ascorbinsäure nun von der Pflanze oder im Labor synthetisiert wurde, ist für ihre Wirkung im menschlichen Körper völlig gleichgültig. Wenn man Vitamin C aus der Zitrone isoliert und reinigt, ist es vom künstlich hergestellten Vitamin C nicht mehr zu unterscheiden.
Was die Wirkung betrifft, schneiden synthetische Vitamine oft sogar besser ab als jene, die mit Lebensmitteln aufgenommen werden, weil Lebensmittel oft Faktoren enthalten, die die Ausnutzung eines Vitamins behindern.

Entscheidend: lebenswichtige Vielfalt

Dies soll aber nicht gegen die Vitaminversorgung über die Ernährung sprechen. Letztendlich ist das Vitamin im ganzen Lebensmittel umgeben von vielen anderen Nährstoffen und Begleitstoffen, die wir brauchen, um gesund und gut ernährt zu bleiben.

Megadosen – viel hilft nicht immer viel

Mancher Leser wird den Warnungen vor zu großen Vitaminmengen skeptisch begegnen. Schließlich liest man zum Beispiel vom berühmten Linus Pauling, der verkündet: »Seit 25 Jahren nehme ich täglich 12 Gramm Vitamin C«. Das ist das 150fache der von der Deutschen Gesellschaft für Ernährung empfohlenen Zufuhrmenge.

Auf die Dosis kommt es an

Mag sein, daß Pauling dies nur übersteht, weil ihm die Natur eine besonders robuste Gesundheit verliehen hat. Denn viel hilft nicht immer viel – da machen die Vitamine keine Ausnahme.

Zunächst läßt sich die positive Wirkung eines Vitamins durch eine höhere Dosis steigern. Sobald diese Dosis den Normalbereich weit übersteigt, wird das Vitamin vom Nährstoff zum pharmakologisch wirksamen Stoff. Der Körper versucht, über verschiedenste Schutzmechanismen, mit der Belastung durch den Vitamin-Ansturm fertigzuwerden. Die Aufnahmemechanismen werden gedrosselt, die Umsatz- und Ausscheidungsprozesse intensiviert. Die wasserlöslichen Vitamine wie die B-Vitamine und Vitamin C werden bei einer Zufuhr in Megadosen auf schnellstem Weg über den Urin ausgeschieden, ohne daß unser Stoffwechsel sie vorher verwertet.

Gerade bei den fettlöslichen Vitaminen A, D und E können Megadosen über lange Zeit die Gesundheit gefährden, weil sie nicht umstandslos wieder ausgeschieden sondern vom Körper gespeichert werden. Die Symptome einer Überdosierung ähneln meist jenen eines Mangels und können ebenfalls lebensbedrohliche Ausmaße annehmen. Grundsätzlich ist die Verordnung von Megadosen bis zum 100fachen der empfohlenen Menge Sache des Arztes, der solche Dosierungen für gezielte Heilzwecke einsetzt – beispielsweise bei der Bekämpfung schwerer Nervenerkrankungen.

Therapeutikum für gezielte Heilzwecke

Vitamine als Radikalenfänger

Antioxidantien – Vitamine als Wundermittel?

Die empfehlenswerten Zufuhrmengen für Vitamine sind heute schon gut bemessen – trotzdem könnte es sein, daß wir von ganz bestimmten Vitaminen zu wenig zu uns nehmen. Gemeint sind die drei Antioxidantien unter den Vitaminen – das β-Carotin (Provitamin A), Vitamin C und Vitamin E. Daß diese Vitamine Antioxidantien sind, bedeutet nichts anderes, als daß sie in unserem Stoffwechsel als Gegenspieler des Sauerstoffs auftreten – und zwar dort, wo sich der Sauerstoff nicht von seiner guten, nützlichen Seite zeigt, sondern von seiner weniger bekannten, negativen Seite.

Schutzwirkung vor Zivilisationskrankheiten

Die Vitaminforschung der letzten Jahre hat immer deutlichere Ergebnisse dafür erbracht, daß diese Eigenschaft als potentielle Wunderwaffe gegen viele Zivilisationskrankheiten – zum Beispiel Krebs, Arteriosklerose und Herzinfarkt – genutzt werden könnte.

Die Wirkung der Antioxidantien beruht auf ihrer Fähigkeit, freie Radikale unschädlich zu machen. Um zu erklären, was das bedeutet, müssen wir die Bedeutung des Sauerstoffs für unseren Stoffwechsel kurz unter die Lupe nehmen.

Was sind freie Radikale?

Unser Stoffwechsel braucht den Sauerstoff, mit dem wir jede Zelle unseres Körpers über die Atemluft beständig versorgen, zur Energiegewinnung aus den Nährstoffen.

Doch der Sauerstoff hat leider auch seine negativen Seiten.

Sauerstoff läßt Radikale entstehen

Den Motor läßt der Sauerstoff langsam, aber sicher altern, in unserem Organismus ist er für die Bildung der freien Radikale verantwortlich, die unsere Zellen und Gewebe »rosten« lassen: Freie Radikale sind aggressive, sauerstoffhaltige Moleküle mit zerstörerischer Wirkung. Ist unser Immunsystem geschwächt, können diese Moleküle ihre unheilvolle Wirkung entfalten. Sie verlieren dabei zwar ihre Aggressivität, doch hinterlassen sie in Zellen und Geweben schwere Schäden.

Unsere Zellen sind einem ständigen Bombardement durch freie Radikale ausgesetzt, deren Bildung ein unerfreulicher, aber unumgänglicher Nebeneffekt einer Reihe von Stoffwechselprozessen ist. Um sich vor den Auswirkungen dieser Radikale zu schützen, hat unser Körper wirksame Selbstschutzmechanismen entwickelt.

Bedrohung von innen und außen

Doch freie Radikale greifen auch von außen an. Ein Raucher inhaliert mit jedem Zug ein paar Milliarden freier Radikale! UV-Strahlen, Luftverschmutzung und bestimmte Arzneimittel fachen die Bildung von Radikalen ebenfalls an.

Freie Radikale –

entstehen im Stoffwechsel
- bei der Energiegewinnung
- durch die Aktivität bestimmter Enzyme
- im Immunsystem als Helfer bei der Zerstörung von Eindringlingen

greifen von außen an
- durch Umweltgifte
- durch den Zigarettenrauch
- durch UV- und andere Strahlung
- über die Nahrung

Zerstörerische Wirkung

Trotz der vielen Schutzmechanismen landen die freien Radikale ständig Treffer, die Zellwände, Zellbestandteile und auch den Zellkern beschädigen – Vorgänge, die ganz wesentlich zur Zellalterung und letztlich zur Alterung des ganzen Organismus beitragen. Treffen die freien Radikale die Erbsubstanz im Zellkern, kann es zu einer Zelltransformation kommen: Eine Krebszelle entsteht. Auch an der Entstehung der Arteriosklerose, bestimmter Formen des Rheumas und geistiger Verfallserscheinungen scheinen die Radikale durch ihre zerstörerischen Wirkungen maßgeblich beteiligt.

Freie Radikale – fördern die Entstehung vieler Leiden
- Krebs
- Grauer Star
- bestimmte Rheuma- und Arthritisformen
- Parkinsonsche Krankheit (Schüttellähmung)
- Arteriosklerose
- Hauterkrankungen
- Alzheimer-Krankheit (senile Demenz)
- Strahlungsschäden

So schützen die Antioxidantien

Die drei Antioxidantien, die Vitamine C, E und das β-Carotin wirken mit ihrer Fähigkeit, Sauerstoff an sich zu binden, als regelrechte Radikalenfänger und unterstützen dadurch die körpereigenen Schutzmechanismen.

Während wir die körpereigene Abwehr gegen die Radikale kaum beeinflussen können, läßt sich die Zufuhr der Vitamine C, E und des β-Carotins durch entsprechende Nahrungsmittelauswahl oder auch Vitaminpräparate leicht erhöhen. In Belastungssituationen können wir uns dadurch einen besonderen Schutz aufbauen. Dabei reicht es nicht, sich mit einem der drei Vitamine gut zu versorgen, denn jedes der drei Antioxidantien »schnappt« sich andere Radikalen-Typen; nur zusammen bilden sie eine wirklich breite Abwehrfront gegen die Radikale. Obwohl letzte Beweise noch ausstehen, verdichten sich die Vermutungen der Vitaminforscher, daß eine gute Versorgung mit den Antioxidantien vor Krebs, Arteriosklerose und Herzinfarkt zu schützen vermag.

Verringern des Erkrankungsrisikos

Vitamine gegen Freie Radikale

- β-Carotin scheint vor allem das Risiko für Lungen-, Magen- und Gebärmutterkrebs erheblich zu vermindern. Deswegen sollten vor allem Raucher ganz besonders auf eine gute β-Carotin-Versorgung achten.
- Die Vitamine C und E haben vermutlich ähnlich schützenden Einfluß auf die Entstehung von Krebs im Magen- und Darmtrakt, wobei das Vitamin C einen besonders günstigen Effekt bei Mund-, Rachen-, Speiseröhren- und Bauchspeicheldrüsenkrebs zu haben scheint.
- Über den Schutz vor Radikalen hinaus verhindern die Vitamine C und E die Bildung von stark krebserregenden Nitrosaminen im Magen. Nitrosamine entstehen zum Beispiel aus Nitrat in Gemüse oder beim Grillen und Braten von gepökeltem Fleisch, das Nitritsalz enthält.

Nur gemeinsam sind sie stark

Für die Ablagerungen, die unsere Blutgefäße bei der Arteriosklerose verstopfen, ist ein besonderer Cholesterin-Typ verantwortlich – es handelt sich dabei in erster Linie um oxidiertes Cholesterin. Der für dessen Entstehung verantwortliche Oxidationsvorgang geht wiederum auf das Konto der freien Radikale. Die Vitamine C und E wirken auch hier »wie gehabt«: Sie schützen das Cholesterin vor der Oxidation und verhindern beziehungsweise verlangsamen so den Prozeß der Gefäßverkalkung.

Inzwischen gibt es eine Reihe von Studien, die belegen, daß Menschen mit einem hohen Vitamin-C- und Vitamin-E-Spiegel im Blut seltener an Arteriosklerose und Herzinfarkt erkranken als mit diesen Vitaminen schlecht versorgte Personen. Einen positiven Einfluß scheint das Vitamin C auch auf den Risikofaktor Bluthochdruck zu haben: Während einer mehrwöchigen Studie an Frauen, die unter Bluthochdruck litten, konnten mit einer täglichen Gabe von 1 Gramm Vitamin C die Werte deutlich gesenkt werden.

Vitamin C senkt Bluthochdruck

Für das Entstehen bestimmter Rheuma- und Arthroseformen sowie der Schüttellähmung (Parkinsonsche Krankheit) sind die freien Radikale mitverantwortlich, und die Verabreichung hoch dosierter Vitamin-E-Präparate führte in Versuchen mit Rheumakranken in vielen Fällen zur Linderung ihrer Beschwerden.

Vitamin E lindert Rheuma

Auch gibt es Hinweise, daß die Alzheimer Krankheit, bei der die Betroffenen oft schon in frühen Jahren geistig verfallen und den Verstand verlieren, eine Folge des Angriffs der freien Radikale auf bestimmte Eiweißstoffe im Gehirn ist. Ob die Antioxidantien hier wirksam eingesetzt werden können, muß allerdings erst noch erforscht werden.

Natürlicher Schutz: gesunde Ernährung

Bei all den Hoffnungen, die hier geweckt werden, bleibt eins festzuhalten: Antioxidantien beugen Krebs und anderen Zivilisationskrankheiten zwar mit größter Wahrscheinlichkeit vor, heilen können sie diese Krankheiten jedoch nicht! Eine Ernährung, die reich an Obst, Gemüse, Nüssen und pflanzlichen Fetten ist, sichert eine hohe Zufuhr an β-Carotin, Vitamin C und Vitamin E. Um den Schutzeffekt sicher zu erzielen, sollte man nach Meinung vieler Experten das 5- bis 10fache der empfohlenen Menge zu sich nehmen. Das erreicht man allerdings nur mit Hilfe eines Vitaminpräparats.

Die Vitamine im Überblick

	Wichtig für	Gute Quellen	Signale bei Mangel
Vitamin A (β-Carotin)	Haut, Haare, Augen, Schleimhäute, Zellschutz, Wachstum und Knochenentwicklung	Grünes und gelbes Gemüse, Leber, Milch, Butter, Käse *Td.* 1 mg in 90 g Möhren 10 g Leber*	schuppige, trockene Haut, Nachtblindheit, Wachstumsstörungen, Infektanfälligkeit
Vitamin D	Knochenbildung (Krebsentstehung?)	Fisch, Fleisch, Pilze, Eier *Td.* 5 Mikrogramm in 20 g Hering*	Rachitis, Entkalkung der Knochen
Vitamin E	Schützt Zellen vor Radikalen und vor Oxidation	Pflanzliche Öle und Fette, z.B. Weizenkeim- und Sonnenblumenöl, Nüsse, Avocados, Erbsen *Td.* 12 mg in 1 EL Weizenkeimöl*	Muskelschwäche, Blutarmut, Nervenerkrankungen
Vitamin K	Blutgerinnung	Grünes Gemüse, Leber, Eier, Milch, Tomaten *Td.* 65 Mikrogramm in 100 g Sauerkraut*	erhöhte Blutungsneigung
Vitamin B1 (Thiamin)	Nerven, Herz, Muskeln, Stoffwechsel der Kohlenhydrate	Vollkornbrot, Kartoffeln, Hülsenfrüchte, Schweinefleisch Geflügel *Td.* 1,2 mg in 250 g Haferflocken*	Leistungsabfall, Nervosität, Kopfweh, Herzstörungen, Krämpfe, Lähmungen
Vitamin B2	Verwertung von Fett, Eiweiß und Kohlenhydraten, Wachstum	Milch, Käse, Geflügel, Fleisch, Getreide, Hefe, Fisch *Td.* 1,6 mg in 1 l Milch*	Wachstumsstörungen, rissige Lippen und Mundwinkel, Sehstörungen
Vitamin B6	Nerven, Eiweißstoffwechsel, Blutbildung	Fisch, Fleisch, Vollkornprodukte, Kartoffeln, Soja *Td.* 1,6 mg in 400 g Banane*	Übelkeit, Appetitlosigkeit, Muskelschwund, Blutarmut

** Td = empfohlene Tagesdosis für Erwachsene (nach Empfehlung der Deutschen Gesellschaft für Ernährung [DGE]); 1 Mikrogramm = 0,001 Milligramm (mg)*

	Wichtig für	Gute Quellen	Signale bei Mangel
Vitamin B12	Blutbildung, Zellaufbau, Wachstum	Leber, Hering, Seelachs, Rindfleisch, Eier, Milch, Quark *Td.* 5 Mikrogramm in 150 g Camembert*	Anämie (Blutarmut), Müdigkeit, nervöse Störungen
Niacin	Herz, Nerven, zentrales Nervensystem, Stoffwechsel	Vollkornbrot, Erbsen, Fleisch, Seefisch, Lachs, Pilze *Td.* 16,5 mg in 150 g Hühnerbrust*	Müdigkeit, Depressionen, Nervenstörungen, Pellagra
Pantothensäure	Abbau von Fetten, Kohlenhydraten und Eiweißen, Hormonbildung, Haut und Schleimhäute	Leber, Broccoli, Blumenkohl, Kalb- und Rindfleisch, Pute, Milch, Pilze, Seefisch, Geflügel *Td.* 6 mg in 300 g Champignons*	Hautschäden, Anfälligkeit gegen Infekte, nervöse Störungen
Folsäure	Blutbildung, Zellteilung	grünes Gemüse, Kohl, Hülsenfrüchte, Leber, Vollkornprodukte, Kartoffeln *Td.* 300 Mikrogramm in 300 g Broccoli*	Anämie (Blutarmut), Verdauungsstörungen, Schleimhautveränderungen
Biotin	Haut und Haare, Aufbau von Kohlenhydraten und Fettsäuren	Milch, Leber, Hülsenfrüchte, Champignons, Spinat *Td.* 100 Mikrogramm in 100 g Leber*	Haarausfall, Hautveränderungen, Übelkeit
Vitamin C	Immunabwehr, Bildung von Bindegewebe und Knochen, Eisenverwertung, Blutbildung	Zitrusfrüchte, Paprika, Beerenfrüchte, Kiwis, Blumenkohl, Tomaten *Td.* 75 mg in 1 Kiwi oder 2 großen Orangen*	Infektanfälligkeit, Leistungsabfall, Skorbut

Vitamin A
Vitamin D
Vitamin E

Die fettlöslichen Vitamine

Die Vitamine A, D, E und K werden in unserem Körper zusammen mit den Fetten beziehungsweise wie Fette aufgenommen und verdaut.
Mit Ausnahme von Vitamin K kann unser Körper diese Vitamine in mehr oder weniger großem Umfang speichern. Diese Reserven können unsere Versorgung zum Teil über Monate sichern, während wir wenig oder gar nichts von diesen Vitaminen mit der Nahrung aufnehmen.

Vitamin A – das Allroundtalent

Über Vitamin A wird in jüngster Zeit so viel geredet und geschrieben, daß es dem Vitamin C als »populärstem« Vitamin bald den Rang ablaufen könnte. Daß Vitamin A wichtig ist für Augen, Wachstum und Haut, ist altbekannt. Heute wird durch Ergebnisse in der Vitaminforschung belegt, daß es darüber hinaus wichtige Funktionen als »Radikalenfänger« erfüllt und damit eine vorbeugende Wirkung gegen bestimmte Krebsformen und Herz- Kreislauferkrankungen hat.

Vitamin A

β-Carotin

In der Dritten Welt leiden immer noch Millionen Menschen an akutem Vitamin-A-Mangel. Betroffen davon sind in erster Linie Kinder. Nach Schätzungen der Weltgesundheitsorganisation (WHO) erblinden weltweit jährlich eine halbe Million Kinder an Vitamin-A-Mangel; zwei Drittel dieser Kinder sterben innerhalb weniger Wochen nach der Erblindung.

Funktion: Wozu wir Vitamin A brauchen

Vitamin A greift in unserem Körper in viele verschiedene Stoffwechselvorgänge ein. Hier die wichtigsten Bereiche, in denen es gebraucht wird und hilft.

• Die Haut. Ohne Vitamin A gibt es keine gesunde Haut und keine funktionsfähigen Schleimhäute. So sind zum Beispiel die Schleimhäute in Darm, Blase, Lunge und Augen in gleicher Weise auf Vitamin A angewiesen wie unsere äußere Körperhaut.

• Sexualität und Fortpflanzung. Wir brauchen Vitamin A für eine funktionierende Sexualität und unsere Fortpflanzung; es ist beteiligt an der Bildung des männlichen Sexualhormons Testosteron. Ohne Vitamin A kann der Mann keine Samenzellen bilden, die Frau nicht schwanger werden. Es ist unverzichtbar wichtig für den Aufbau der Plazenta und die Entwicklung des Embryos.

Für gutes Sehen

• Die Augen. Wir brauchen Vitamin A zum Sehen. Mit Hilfe des Retinols (Vitamin A1) baut unser Auge Rhodopsin auf – volkstümlich »Sehpurpur« genannt – einen Stoff, der uns das Dämmerungs- und Farbensehen möglich macht.

• Knochen und Skelettsystem. Wir brauchen Vitamin A zur Entwicklung der Knochen und des Skelettsystems.

• Schutz vor Krebs und Herz- Kreislauferkrankungen. Einerseits gleichen viele Veränderungen, die bei Vitamin-A-Mangel an der Haut entstehen (zum Beispiel Verhornung von Haut und Schleimhaut), den Vorstadien der Krebserkrankung. Andererseits haben inzwischen viele Studien gezeigt, daß Menschen, die schlecht mit Vitamin A versorgt sind, häufiger an Krebs erkranken als jene, die gut versorgt sind. Dies scheint vor allem mit der Wirkung des β-Carotins als Radikalenfänger und Antioxidans zusammenzuhängen, die vermutlich auch für die mögliche Schutzwirkung der Carotinoide vor Herz-Kreislauferkrankungen verantwortlich ist.

Stärkt das Immunsystem

• Schutz vor Infekten. Auch im Immunsystem erfüllt das Vitamin A wichtige Funktionen. Ein Mangel erhöht die Anfälligkeit unseres Körpers gegenüber Infektionskrankheiten ganz beträchtlich.

Mangel: Die Augen und Haut leiden als erste

Wer plötzlich Schwierigkeiten hat, in der Dämmerung und bei Dunkelheit zu sehen, der sollte auch an einen Vitamin-A-Mangel denken.

Auch Haut und Haare leiden

Die Nachtblindheit gehört zu den ersten Anzeichen eines schwerwiegenden Vitamin-A-Mangels. Auch Haut und Haare leiden, wenn die Vitamin-A-Vorräte zur Neige gehen. Die Haut wird schuppig, rissig, trocken und beginnt zu verhornen, die Haare werden glanzlos und brüchig, ebenso die Fingernägel.

Infektionen in Haut und Schleimhaut

Bei starkem Vitamin-A-Mangel entsteht das Krankheitsbild der Xerophtalmie: Die Nachtblindheit geht in eine vollständige Erblindung über. In den geschädigten Haut- und Schleimhautpartien nisten sich Infektionen ein. Die angegriffenen Schleimhäute der Bronchien und Lungen verlieren ihre Widerstandskraft, oft tritt eine Lungenentzündung mit Todesfolge auf. In den Entwicklungsländern rangiert der Vitamin-A-Mangel unter den Vitaminmangelzuständen an erster Stelle.

Bereits die alten Naturheiler kannten – wie in vielen anderen Fällen auch – das richtige Mittel gegen die durch Vitamin-A-Mangel entstehenden Folgeerkrankungen, ohne etwas von der chemischen Struktur des Vitamins zu wissen. Schon vor 3.500 Jahren kurierten ägyptische Priesterärzte Patienten, die unter Nachtblindheit litten, mit Leberfett von Nilfischen. Hippokrates heilte um 400 v. Chr. das gleiche Leiden mit roher, in Honig getauchter Ochsenleber.

Heute wissen wir, daß Leber tatsächlich eine der wichtigsten Vitamin-A-Quellen unserer Nahrungsmittel ist.

Vorkommen und Verfügbarkeit: Die wichtigsten Vitamin-A-Quellen

Retinol nur in tierischen Lebensmitteln

Das eigentliche Vitamin A mit der chemischen Bezeichnung Retinol kommt nur in tierischen Lebensmitteln vor. Neben der Leber enthalten vor allem Butter, fettreiche Käsesorten, Vollmilch, Geflügel und Fettfische wie Thunfisch, Hering oder Aal besonders viel Vitamin A. Als fettlösliches Vitamin kommt Vitamin A in besonders fetten Lebensmitteln meist reichlich vor.

β-Carotin in Obst und Gemüse

Genauso wichtig wie das Retinol sind seine Vorstufen – die Provitamine, die ausschließlich in pflanzlichen Lebensmitteln vorkommen und in der Darmwand in Retinol umgewandelt werden. Das wichtigste Provitamin A ist das β-Carotin, das seinen Namen von der Karotte hat, weil es in in diesem Gemüse in hoher Konzentration vorhanden ist. Viele gelbgrüne Gemüsesorten wie Endivien, Broccoli, Chicoreé, Spinat, Feldsalat gehören ebenfalls zu den wichtigen Carotin-Lieferanten. Beim Obst und den Beeren sind Aprikose, Holunder und Sanddorn besonders gute Carotin-Quellen.

Wichtig: Ein möglichst hoher Anteil des Vitamin-A-Bedarfs sollte mit dem β-Carotin aus Obst und Gemüse gedeckt werden, denn nur das β-Carotin hat die beschriebene Wirkung als Antioxidans und Radikalenfänger und bietet damit einen möglichen Schutz vor Krebs und Arteriosklerose.

Bedarf und gefährdete Gruppen

Maßeinheit: Retinol-Äquivalente

Der Vitamin-A-Bedarf wird, wie auch der Vitamin-A-Gehalt der Lebensmittel, in den Empfehlungen und Lebensmitteltabellen in der Regel in sogenannten »Retinol-Äquivalenten« angegeben. Damit wurde eine Maßeinheit geschaffen, mit der man das eigentliche Vitamin A, das Retinol, und die Carotinoide als Provitamine unter einen Hut bringt.

Grundsätzlich wird davon ausgegangen, daß unser Stoffwechsel im Schnitt das mit der Nahrung aufgenommene β-Carotin in etwa 17 von hundert Teilen ($^1/_6$) verwertbares Retinol umwandelt. Die Retinol-Äquivalente beinhalten diese Umrechnung bereits. So gibt der Gehalt an Retinol-Äquivalenten in 100 Gramm Möhren an, wieviel wirksames Retinol der Körper beim Verzehr durchschnittlich aus dem Carotingehalt dieser Menge Möhren herausholt.

Mit einer üblichen Mischkost wird der Bedarf an Vitamin A normalerweise hinreichend gedeckt. Allerdings gibt es einige Personengruppen, die einen erhöhten Bedarf haben beziehungsweise deren Versorgung gefährdet ist, sowie Faktoren, die eine erhöhte Zufuhr erforderlich machen:

Risikogruppen

- Schwangere brauchen etwa 30 Prozent und Stillende etwa 100 Prozent mehr Vitamin A als der Durchschnitt.
- Junge Frauen können durch häufige Extremdiäten in einen Zustand der Fehl- und Mangelernährung geraten, in dem auch die Vitamin-A-Versorgung ins Defizit geraten kann.
- Alte Menschen sind oftmals aufgrund einseitiger Ernährung schlecht mit Vitamin A beziehungsweise mit β-Carotin versorgt.
- Lang andauernde Störungen der Fettverdauung, Morbus Crohn, insulinabhängiger Diabetes, Erkrankungen der Bauchspeicheldrüse und Alkoholismus können Vitamin-A-Mangelzustände auslösen, die unter Umständen mit Vitamin-A-Präparaten behandelt werden müssen.

Vitamin A in der täglichen Ernährung: Ein Stich Butter ans Gemüse – damit die Versorgung stimmt

Aus rohen Möhren – die besonders reich an β-Carotin sind – werden nur 10 Prozent des Provitamins aufgenommen. Inzwischen weiß man, daß sich die Carotin-Aufnahme aus Gemüse und Obst erheblich steigern läßt:

Tips für optimale Vitamin-A-Aufnahme

- Je stärker das Gemüse zerkleinert wird, desto mehr Carotin wird daraus aufgenommen. Wenn Sie carotinhaltige Gemüse also raspeln, reiben oder pürieren, wirkt sich das für die Carotin-Versorgung günstig aus.
- Bereiten Sie carotinhaltige Gemüse immer mit etwas Fett zu, beispielsweise mit einem Stich Butter beim Dünsten oder mit etwas Öl zum Rohkostsalat. Fett trägt ganz erheblich zur Verbesserung der Bioverfügbarkeit von Carotin bei. Dabei hat sich gezeigt, daß gesättigte Fettsäuren, die wir vorwiegend in tierischen Fetten finden, einen besseren Transporteffekt erzielen als ungesättigte.
- Wenn Sie Ihren Vitamin-A-Bedarf mit β-Carotin aus Obst und Gemüse decken, schlagen Sie gleich zwei Fliegen mit einer Klappe: Zum einen besteht keine Gefahr von Überdosierung, denn überschüssige Mengen werden über die Niere ausgeschieden – im Gegensatz zum Vitamin A aus tierischen Lebensmitteln, das in der Leber gespeichert wird. Zum anderen nehmen Sie mit pflanzlichen Lebensmitteln in der Regel gleichzeitig besonders viele andere wichtige Vitamine, Mineral- und Ballaststoffe auf.

Vorsicht vor zuviel Vitamin A

Ein Zuviel kann gefährlich sein

Wer zusätzlich zur Alltagskost über längere Zeit Vitamin A in hohen Dosierungen zu sich nimmt – etwa durch die regelmäßige Einnahme spezieller Präparate – der setzt sich der Gefahr einer »Hypervitaminose« – einer schädlichen Überdosierung – aus.

Die kann man allerdings sogar von natürlichen Lebensmitteln bekommen. So sollte man tunlichst den zweifellos mehr als exotischen Genuß von Eisbärleber meiden, dem an Vitamin A reichsten Lebensmittel überhaupt. Selbst bei den Eskimos, die sich schon mal einen Eisbärschinken schmekken lassen, ist der Verzehr von Eisbärleber tabu.

Für eine Vitamin-A-Vergiftung mit Kopfschmerzen, Schwindel und Erbrechen würde die Dosis von etwa 60 Milligramm Vitamin A pro Gramm Eisbärleber allemal ausreichen.

Symptome bei Überdosierung

Bei Patienten, die über zwei Jahre täglich etwa das 12fache der empfohlenen Zufuhr an Vitamin A aufgenommen hatten, traten Hautveränderungen, Haarausfall, Knochen- und Gelenkschmerzen, Muskelsteifheit und Lebervergrößerung auf, bei Frauen zusätzlich das Ausbleiben der Regel. Die Beschwerden verschwanden nach Absetzen der Vitamin-A-Zufuhr innerhalb weniger Wochen.

Soviel Vitamin A steckt in ...

Empfohlene tägliche Zufuhr für Erwachsene: 0,8–1,0 Milligramm (mg)

Menge	*Lebensmittel*	*Gehalt mg*	*Empfohlene Zufuhr %*
150 g	Spinat, roh	1,2	133 %
150 g	Karotten, roh	1,7	188 %
200 g	Porree, roh	0,66	73 %
20 g	Rinderleber	1,2	133 %
25 g	Leberwurst, mager	0,38	42 %
150 g	Aal, Flußaal	1,47	163 %
30 g	Camembert, 45% Fett	0,15	16 %
25 g	Butter	0,16	17 %
20 g	Eigelb	0,3	33 %

Vitamin A in der Medizin

Bei einer ganzen Reihe von Erkrankungen werden Vitamin A-Präparate zu therapeutischen Zwecken eingesetzt:

Verordnet der Arzt

- Anfälligkeit für Schleimhautentzündungen, besonders im Bereich der Atemwege (Bronchitis, grippale Infekte, Kehlkopfentzündung).
- Behandlungserfolge mit Vitamin A werden auch bei Trokkenheit der Haut, Verhornung und Verschuppung, bei Hautunreinheiten und sogar bei Akne erzielt.
- Vitamin A hilft bei einer ganzen Reihe von Augenproblemen, zum Beispiel bei schmerzhafter Lichtempfindlichkeit oder bei Austrocknung der Binde- und Hornhaut.

Wichtig: Grundsätzlich gilt für alle hochdosierten Vitamin-A-Präparate: Nur nach Absprache mit einem Arzt verwenden!

Vitamin D – der Dauerbrenner

Genaugenommen ist das Vitamin D gar kein richtiges Vitamin, denn im Gegensatz zu allen anderen Vitaminen kann es der Körper selbst herstellen. Dazu braucht er allerdings ein Hilfsmittel, das von außen kommt: die Sonne. Ohne sie beziehungsweise ohne ihre ultravioletten Strahlen kann das Provitamin, das in der Haut abgelagert wird, nicht in die aktive Form umgewandelt werden.
Das vom Körper produzierte Provitamin D3 stammt aus der Leber, die es wiederum aus Cholesterin herstellt. Aus der Leber gelangt es über das Blut in die Haut, wo es auf die Umwandlung durch Bestrahlung wartet. Bereits zwei Sonnenbäder wöchentlich (je 10 Minuten lang) genügen, um den Körper ausreichend mit Cholecalciferol, so die chemische Bezeichnung für das Vitamin D3, zu versorgen. Solange genug Sonne da ist, wird das Vitamin D zum Dauerbrenner, besser gesagt: zum Selbstläufer, mit dem sich der Körper ohne Zufuhr über Lebensmittel selbst versorgt.

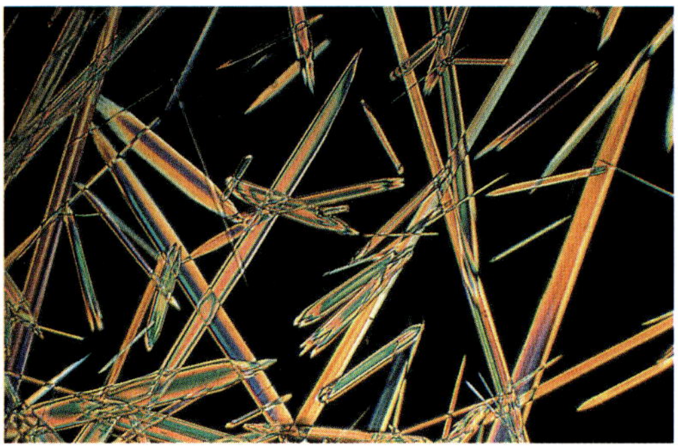

Abbildung: Vitamin D

Funktion: Vitamin D stärkt die Knochen

Damit unser Körper das Skelett beziehungsweise die Knochen aufbauen kann, braucht er die beiden Mineralstoffe Calcium und Phosphat. Doch auch die beste Versorgung mit den beiden Mineralstoffen führt erst dann zu dem Ziel, ein gesundes Knochenwachstum zu fördern, wenn genügend Vitamin D vorhanden ist. Vitamin D fördert die Aufnahme von Calcium und Phosphat aus dem Darm, steuert den Einbau von Calcium und Phosphor in den Knochen (Mineralisation).
Es kann andererseits auch Calcium und Phosphor aus dem Knochen wieder freisetzen und sorgt in der Niere dafür, daß nicht mehr Calcium ausgeschieden wird als nötig. Kurzum:

Ohne Vitamin D gibt es keinen funktionierenden Calcium- und Phosphathaushalt und damit keinen störungsfreien Knochenaufbau.
Anscheinend hat Vitamin D auch Einfluß auf den Vorgang der Zellteilung und könnte dadurch bei der Entstehung von Krebs beziehungsweise seiner Verhinderung eine Rolle spielen. In einer wissenschaftlichen Studie, in deren Rahmen Frauen nach Brustkrebsoperation und Bestrahlung mit Vitamin D behandelt wurden, blieben 70 Prozent der Betroffenen langfristig gesund. In der Gruppe nicht mit Vitamin D behandelter Frauen erlitten 60 Prozent einen Rückfall.

Wirkt positiv bei Krebs und Schuppenflechte

Auch die Schuppenflechte kann in vielen Fällen durch die innere oder äußere Behandlung mit Vitamin-D-Tabletten oder Vitamin-D-Cremes gemildert werden – eine Heilung ist allerdings auch mit Vitamin D nicht möglich.

Mangel: Rachitis – heute sehr selten

Hätte man zu Zeiten des Glöckners von Notre Dame bereits das Vitamin D gekannt, wäre dem Ärmsten das Schicksal, als Krüppel leben zu müssen, vermutlich erspart geblieben. Über Jahrhunderte machte die Rachitis zahllose Menschen bereits im Kindesalter zu Krüppeln, ohne daß es Hilfe gab.
Heute kennen wir die Rachitis fast nur noch aus der Literatur. Doch neuerdings treten vereinzelt wieder Rachitis-Fälle auf, meist dann, wenn Mütter aus weltanschaulichen Gründen oder im Rahmen einer alternativen Ernährung ihren Kleinkindern die nötige Vorsorge in Form der täglichen Vitamin-D-Tablette vorenthalten.

Irreparable Schäden

Bei schweren Formen der Rachitis verformen sich Brustbein, Schädelknochen und Wirbelsäule, oft ist der Kiefer deformiert, die Knochen brechen bei der kleinsten Belastung. Tritt der Vitamin-D-Mangel erst im Erwachsenenalter auf, führt er zur »Osteomalazie«, der Knochenerweichung.

Vorkommen und Verfügbarkeit: Die wichtigsten Vitamin-D-Quellen

Weil Babys Stubenhocker sind, ist ihre Vitamin-D-Versorgung besonders gefährdet. Bevor es Vitamin-D-Tabletten gab, war Lebertran eines der wenigen an Vitamin D reichen

Lebensmittel, die man kannte. Deswegen und weil er so praktisch flüssig ist, flößte man den Lebertran den Kleinsten gnadenlos ein – trotz des scheußlichen Geschmacks.

Fisch ist reich an Vitamin A

Ansonsten kommt Vitamin D in nennenswerter Konzentration nur in wenigen Lebensmitteln vor: Seefisch (besonders Lachs, Aal, Hering, Sardine, Thunfisch und Heilbutt), Pilze, Hühnereigelb und Butter sind die wichtigsten.

Bedarf und gefährdete Gruppen: Sonne – für alle das beste Mittel gegen einen Mangel

Tages-Soll schwer erreichbar

Das von der Deutschen Gesellschaft für Ernährung empfohlene Tages-Soll über die Alltagskost zu erreichen, ist bei den wenigen Vitamin D-reichen Lebensmitteln gar nicht so einfach. Verbessert werden konnte die Versorgungssituation damit, daß heute die meisten Margarinen und Kindernahrungsmittel mit Vitamin D angereichert werden.

Wichtig: Vtiamin-D-Tablette für Babys

- Weder Muttermilch noch Kuhmilch enthalten ausreichend Vitamin D. Deshalb ist es fahrlässig, Säuglingen die tägliche Vitamin-D-Tablette vorzuenthalten. Frühgeborene haben einen besonders hohen Bedarf.

Risikogruppen

- Auch strenge Vegetarier sind gefährdet. Wer keine tierischen Fette zu sich nimmt, erhält über die Nahrung nur minimale Mengen des pflanzlichen Provitamins. Das kann vor allem bei streng vegetarisch lebenden Frauen die Osteoporosegefahr nach dem Klimakterium verstärken.
- Bei starken Rauchern ist der Vitamin-D-Spiegel oft drastisch erniedrigt. Auch sie sollten auf eine überdurchschnittliche Zufuhr an Vitamin D achten.
- Bewohner südlicher Länder, die sich in unseren gemäßigten Breiten ansiedeln, sind ebenfalls besonders gefährdet. Da in ihrer Heimat die Sonne meist den ganzen Tag scheint, läuft ihr Stoffwechsel mit einem genetisch gesteuerten Sparprogramm für die Vitaminproduktion in der Haut. Die sogenannte »Immigranten-Osteomalazie« ist deswegen hierzulande keine Seltenheit mehr.
- Bei alten Menschen wird häufig ein niedriger Vitamin-D-Spiegel festgestellt. Sie bewegen sich häufig zu wenig in der Sonne, dazu wird mit zunehmendem Alter die Fähigkeit zur Vitamin-D-Synthese in der Haut immer geringer.

Vitamin-D-Mangel durch UV-Blocker

Wichtig: Schutz vor Sonne beziehungsweise den UV-Strahlen muß sein. Doch auch hier kann zuviel des Guten negative Folgen haben – zum Beispiel für die Vitamin-D-Versorgung. Starke UV-Blocker verhindern auch die Bildung des Vitamin D in der Haut.

Symptome bei Überdosierung

Auch beim Vitamin D kann ein Zuviel schaden. Zwar ist es kaum möglich, sich mit Lebensmitteln eine Vitamin-D-Vergiftung zu holen, und gegen zuviel Sonne schützt sich die Haut durch verstärkte Pigmentierung vor den UV-Strahlen und verringert damit gleichzeitig die Vitamin-D-Produktion. Wer Vitamin-D-Präparate einnimmt, kann bei fehlender Vorsicht schon eher in die Gefahrenzone kommen. Bereits die 10fache Menge der empfohlenen Tagesdosis kann auf Dauer zu Schädigungen führen. Appetitlosigkeit, Übelkeit, Erbrechen und Kopfschmerzen sind erste Symptome. Das überschüssige Vitamin D mobilisiert Kalk aus den Knochen, die dadurch brüchig werden. Das freigesetzte Calcium wiederum kann zur Verkalkung der Nieren führen.

Wichtig: Auch Vitamin-D-Präparate dürfen nur nach Absprache mit dem Arzt verwendet werden!

Soviel Vitamin D steckt in ...

Empfohlene tägliche Zufuhr für Erwachsene: 5 Mikrogramm (µg)

Menge	*Lebensmittel*	*Gehalt µg*	*Empfohlene Zufuhr %*
150 g	Rotbarsch	3,45	69 %
20 g	Lachs	3,26	65,2 %
150 g	Leber, Huhn	1,19	23,8 %
150 g	Champignons	2,7	54 %
100 g	Eigelb	2	40 %

Vitamin D in der Medizin

Das Vitamin für gesunde Knochen

Zur Rachitis-Prophylaxe werden Säuglingen und Kleinkindern täglich 12,5 bis 25 Mikrogramm Vitamin D gegeben. Beim Erwachsenen wird Vitamin D vorbeugend eingesetzt gegen Knochenerweichung (Osteomalazie) und zur unterstützenden Behandlung bei Osteoporose (Entmineralisierung der Knochen).

Vitamin E – die Wunderdroge?

Seine erste »Karriere« machte das Vitamin E als »Fruchtbarkeitsdroge«. Im Jahr 1922 stellten die amerikanischen Wissenschaftler Evans, Scott und Bishop fest, daß Ratten, die mit einer Diät aus Milcheiweiß, Maisstärke, Schmalz und Butter gefüttert wurden, große Fruchtbarkeitsprobleme bekamen. In der zweiten Generation wurden sie schließlich völlig unfruchtbar. Als die Wissenschaftler Weizenkeime und etwas Heu zufütterten, kamen plötzlich wieder gesunde Junge zur Welt.

Abbildung: Vitamin E

Der unbekannte Fruchtbarkeitsfaktor wurde kurze Zeit später von Evans in den Weizenkeimen entdeckt und *Tocopherol* (= Geburtshelfer) genannt – das Vitamin E war gefunden. Die großen Hoffnungen, mit seiner Einnahme ließe sich das Leiden aller Unfruchtbaren beenden, erfüllten sich leider nicht. Ohne Vitamin E verliert zwar auch der Mensch seine Fruchtbarkeit, doch Störungen der Sexualfunktion sind auch durch andere Faktoren bedingt, die dabei ebenfalls eine Rolle spielen.
Mit den Erwartungen, die seit jüngster Zeit an das Vitamin gestellt werden, sollte man vielleicht nicht zu hoch greifen. Wenn das Vitamin E heute als potentielle Wunderwaffe gegen Herzinfarkt, Krebs, Rheuma und Hautalterung »gehandelt« wird, ist dabei zu bedenken, daß seine vorbeugende Wirkung hauptsächlich in seiner Eigenschaft als Radikalenfänger zu sehen ist.

Funktion: Vitamin E schützt Zellen vor freien Radikalen

Der Schutz vor den freien Radikalen und die Wirkung als Antioxidans gelten heute als die wichtigsten Funktionen des Vitamin E. Durch seine antioxidativen Eigenschaften be-

Zellschutz und Radikalenfänger

wahrt es ungesättigte Fette im Gewebe davor, ranzig zu werden. Es schützt gleichzeitig Zellwände, Zellmembranen und Hormone. Dieser Schutz bezieht sich natürlich auch auf die Zellen in den Wänden unserer Blutgefäße – und genau hier setzt die vorbeugende Wirkung des Vitamin E gegen Arteriosklerose an.
Vitamin E setzt die Sauerstoff-Radikale außer Gefecht, die durch Umweltgifte, Rauchen, aber auch durch körpereigene Vorgänge gebildet werden können und Wegbereiter für Zellalterung und Krebs sind (→ Freie Radikale, Seite 24). Studien haben gezeigt, daß ein niedriger Vitamin-E-Spiegel im Blut die Wahrscheinlichkeit, an Krebs zu erkranken, erhöht.
Ebenso schreibt man dem Vitamin E eine Schutzwirkung auf die Haut zu. Heute enthalten bereits viele Präparate der pflegenden Kosmetik sowie viele Sonnenschutzcremes Vitamin E. Man verspricht sich davon Schutz vor den Radikalen, die durch eine intensive UV-Bestrahlung in der Haut gebildet werden können. Vitamin E soll die Haut regenerieren und glätten sowie ihr Feuchthaltevermögen steigern.

- Vitamin E hält das Blut im Fluß: Es reguliert die Gerinnungsfähigkeit, sorgt damit für eine gute Fließeigenschaft des Blutes und kann verengte Blutgefäße wieder erweitern.
- Vitamin E verbessert die Sauerstoffversorgung und -verwertung im Gewebe und schützt dadurch zum Beispiel Leber, Lunge und Haut vor Entzündungen und degenerativen Prozessen.

Pflegt und schützt Haut und Gewebe

Daneben hat Vitamin E noch eine ganze Reihe weiterer Funktionen, die im Detail noch weitgehend unerforscht sind: So scheint es an der Herstellung von körpereigenem Eiweiß genauso beteiligt zu sein wie am Energietransport in den Zellen und an der Weitergabe genetischer Informationen.

Eine typische Mangelkrankheit gibt es nicht

Wenn sich die Wissenschaftler heute immer noch uneinig sind bei der Festlegung eindeutiger Bedarfszahlen für die Vitamin-E-Zufuhr, hängt das auch damit zusammen, daß Mangelerscheinungen nur sehr schwer auszumachen sind.

Symptome bei Mangel

Die typische Mangelkrankheit wie bei anderen Vitaminen gibt es nicht. Jedoch als Begleitsymptom vieler Krankheiten, zum Beispiel bei Patienten mit Herzinfarkt oder Krebserkrankungen, wird regelmäßig ein niedriger Vitamin-E-Spiegel festgestellt. Äußere Anzeichen wie Muskelschwäche, gestörte Reflexe, Sehstörungen und Gesichtskrämpfe, aber auch Konzentrationsstörungen und Müdigkeit, können Folgen einer schlechten Vitamin-E-Versorgung sein.

Vorkommen und Verfügbarkeit

Pflanzenfette und -Öle

Pflanzenfette und -öle wie Margarine, Oliven-, Sonnenblumen- und Sojaöl und viele andere sind wahre Vitamin-E-Bomben. Nüsse, Getreidekeime und verschiedene Gemüse wie Spinat, Sellerie und Fenchel sind reich an Vitamin E.

Soviel Vitamin E steckt in ...

Empfohlene tägliche Zufuhr für Erwachsene: 12 Milligramm (mg)

Menge	*Lebensmittel*	*Gehalt mg*	*Empfohlene Zufuhr %*
20 g	Olivenöl	2,7	22,5 %
10 g	Weizenkeimöl	15,9	132,5 %
20 g	Margarine	2,7	22,5 %
150 g	Rotbarsch	1,95	16 %
150 g	Truthahn	2,85	24 %
20 g	Haselnüsse	4,2	35 %
20 g	Sonnenblumenkerne	4,36	36 %
150 g	Spargel, roh	3,15	26 %
200 g	Erbsen, roh	6,0	50 %
150 g	Avocado, roh	4,5	37,5 %

Bedarf und Risikogruppen

Geht man von den Werten aus, die die DGE als Bedarf angibt, so scheint unsere Versorgung weitgehend gesichert. Die Bedarfsmenge von 12 Milligramm pro Tag wird mit dem täglichen Essen leicht erreicht.

Schwangere und Gestreßte

Einen erhöhten Bedarf haben Schwangere und Stillende. Auch bei Streß und bei einer Ernährung mit einem hohen Anteil ungesättigter Fettsäuren, wie sie vor allem in pflanzlichen Fetten und Ölen vorkommen, ist der Bedarf an Vitamin E erhöht. Im Streß sind die Systeme unseres Köpers verstärkten Oxidationsprozessen ausgesetzt, vor denen man sich durch zusätzliches Vitamin E schützen sollte. Was die ungesättigten Fettsäuren betrifft, so geht man davon aus, daß pro zusätzlichem Gramm davon in der Nahrung 0,5 Milligramm zusätzliches Vitamin E gebraucht wird. Da allerdings gerade die pflanzlichen Fette und Öle besonders viel Vitamin E enthalten, ist der Mehrbedarf in der Regel durch ihren Gehalt an dem Vitamin gut gedeckt.

Genug ist nicht genug?

Als Reaktion auf die Aussage von Forschungsberichten, Vitamin E könne vor Krebs und Arteriosklerose schützen, gibt es Stimmen, die bereits die 5- bis 10-fache Menge der von der Deutschen Gesellschaft für Ernährung angegebenen Menge empfehlen. Sogar bei einer regelmäßigen täglichen Vitamin-E-Aufnahme von 300 Milligramm – was dem 25fachen der DGE-Empfehlungen entspricht – treten keine Schäden oder Vergiftungserscheinungen auf.
Vorsicht ist allerdings geboten bei Dosierungen ab 400 Milligramm und mehr pro Tag. In einer Studie mit langfristiger Gabe von 800 Milligramm pro Tag traten Muskelschwäche und Erschöpfung als erste Anzeichen einer Hypervitaminose auf.

Vitamin K – damit aus einem Kratzer keine Katastrophe wird

Der Alltag ist voller kleiner Gefahren – wer hätte sich nicht schon mal geschnitten, gestochen oder gestoßen und ein bißchen geblutet. Doch so ein kleiner Kratzer ist schließlich keine Katastrophe – dank Vitamin K. Denn ohne dieses Vitamin müßten wir an der kleinsten Wunde hoffnungslos verbluten.

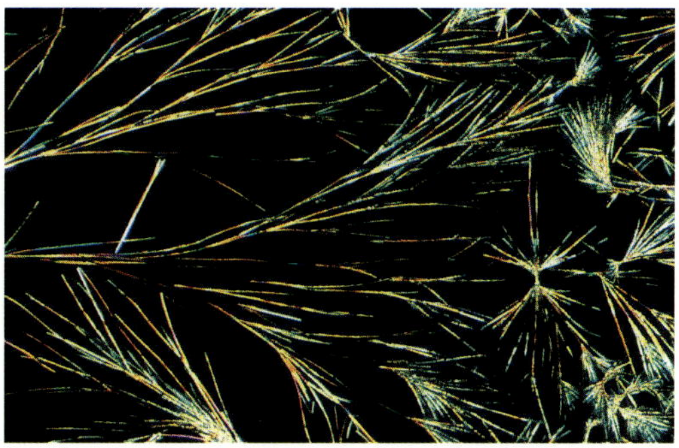

Abbildung: Vitamin K

Funktion: Ohne Vitamin K keine Blutgerinnung

Ein empfindliches System

Damit Blut gerinnt, müssen eine ganze Reihe von Gerinnungsfaktoren in Aktion treten. Fällt nur ein einziger dieser Faktoren aus, wird das System empfindlich gestört und eine Blutung kommt nicht zum Stillstand. Einige dieser Gerinnungsfaktoren können ohne die Hilfe des Vitamin K nicht gebildet werden.

Vitamin-K-Mangel: Medikamente als Störfaktoren

Beim gesunden Erwachsenen ist ein Vitamin-K-Mangel auf Grund des verbreiteten Vorkommens des Vitamins in unseren Nahrungsmitteln fast ausgeschlossen.

Mangelerscheinungen können trotzdem auftreten, beispielsweise wenn die Darmflora durch eine Antibiotikabehandlung zerstört wird, wenn durch Störungen der Fettverdauung die Aufnahme des fettlöslichen Vitamin K aus der Nahrung behindert ist oder wenn Patienten – zum Beispiel bei Thromboseneigung – langfristig mit gerinnungshemmenden Medikamenten behandelt werden.

Symptome bei Mangel

Nasenbluten, Blutungen im Bereich der Geschlechtsorgane und schlecht abheilende Wunden, bei denen sich kein Schorf bildet, sind die äußerlichen Mangelsymptome. Innerliche Mangelsymptome können als spontane Blutungen in Magen und Darm, an Schleimhäuten, in Lunge, Leber, Gehirn und an der Netzhaut der Augen auftreten.

Vorkommen: Hauptlieferanten sind grüne Blattgemüse

Vitamin K1 kommt verbreitet in pflanzlichen Lebensmitteln vor – besonders reichlich in grünen Blattgemüsen. Vitamin K2 wird zum einen von Bakterien gebildet, zum anderen ist es Bestandteil in vielen tierischen Lebensmitteln wie Fleisch, Milch, Käse und Butter.

Vitamin K aus dem Darm

Auch die Bakterien in der Flora des menschlichen Dickdarms sind eifrige Vitamin-K-Produzenten. Geringe Mengen dieses Bakterien-Vitamins kann der Körper aus dem Dickdarm aufnehmen und damit eine Grundversorgung sicherstellen.

Bedarf und Risikogruppen: Babys brauchen Vitamin K

Weil Vitamin K nur in Spuren die Plazenta passiert, ist bereits die Versorgung des noch Ungeborenen extrem schlecht. Beim Neugeborenen ist der Darm noch steril, ihm fehlen die Bakterien, um selbst Vitamin K zu produzieren.

Neugeborene sind unterversorgt

Die Muttermilch ist relativ arm an Vitamin K, deshalb sind voll gestillte Neugeborene in den ersten Lebenstagen einer besonders hohen Blutungsgefahr ausgesetzt. In schweren Fällen kann es zu lebensbedrohlichen Blutungen kommen. Mit medikamentösen Vitamin-K-Gaben können solche Blutungen erfolgreich behandelt werden. Heute ist man in fast allen deutschen Kinderkliniken dazu übergegangen, den Neugeborenen sofort Vitamin K zu injizieren, um dieses Risiko schnell und gefahrlos zu beseitigen. Dieses Vorgehen wird derzeit jedoch angezweifelt. Nach den Ergebnissen einer englischen Studie könnte die Vitamin-K-Spritze direkt nach der Geburt die Entstehung einer Leukämie begünstigen. Die Ergebnisse der Studie liegen allerdings noch im Bereich der Spekulation und können keineswegs als bestätigt gelten.

Pro und contra Vitamin-K-Spritze

Soviel Vitamin K steckt in …

Empfohlene tägliche Zufuhr für Erwachsene: 60–80 Mikrogramm (µm)

Menge	*Lebensmittel*	*Gehalt µg*	*Empfohlene Zufuhr %*
25 g	Brathuhn	75	107 %
30 g	Rindfleisch	45	64 %
50 g	Sojabohnen	90	129 %
20 g	Erbsen, grün, roh	60	86 %
15 g	Blumenkohl, Spinat, r.	450	643 %
10 g	Broccoli, Tomaten, roh	80	114 %

Vitamin K in der Medizin

Wichtigster Einsatzbereich sind Blutungen, die durch Vitamin-K-Mangel ausgelöst werden. Thrombosegefährdete Kranke werden oft mit Mitteln behandelt, die die Blutgerinnung hemmen. Für sie gibt es Vitamin-K-Ampullen, die sie ständig bei sich tragen sollten, um im Fall einer Verletzung die Gerinnungsfähigkeit des Blutes möglichst schnell wieder zu normalisieren.

Wichtig für Thrombosegefährdete

Vitamin B2
Vitamin B6
Biotin
Vitamin B12
Pantothen-
säure

Die wasserlöslichen Vitamine:

Die Vitamine der B-Gruppe, Biotin, Niacin, Pantothensäure, Folsäure und Vitamin C werden nur in geringsten Mengen in unserem Körper gespeichert; ein Zuviel an wasserlöslichen Vitaminen wird sehr rasch über die Niere wieder ausgespült. Die gespeicherten Vorräte reichen meist nur für wenige Wochen. Das bedeutet, daß wir unsere Versorgung mit diesen Vitaminen über eine ausgewogene Kost ständig erneuern müssen.

Vitamin B1 – bringt Power und stärkt die Nerven

Vitamin B1, auch Thiamin genannt, ist wohl das bekannteste unter den sechs B-Vitaminen – vielleicht auch deshalb, weil gerade die Vitamin-B1-Versorgung bei vielen Menschen noch relativ schlecht ist. Vitamin B1 wird oft als »Nervenvitamin« bezeichnet; tatsächlich ist das Nervensystem einer der wichtigsten Wirkungbereiche des Vitamin B1, und die ersten Symptome eines Vitamin-B1-Mangels machen sich auch am Nervensystem bemerkbar – zunächst in so allgemeinen Anzeichen wie Müdigkeit und Konzentrationsschwäche .

Abbildung: Vitamin B1

Funktion: Vitamin B1 – damit der Energiefluß nicht stockt

Ohne Thiamin können also Kohlenhydrate wie Zucker oder Stärke nicht abgebaut werden, und das hat fatale Konsequenzen. Im Körper werden alle Kohlenhydrate zunächst zu Glukose umgewandelt. Sie ist der entscheidende Energielieferant für unsere Zellen. Kommt die Umwandlung von Glukose in Energie ins Stocken, heißt das letztendlich, daß der Energiefluß unterbrochen wird. Während die normalen Körperzellen zumindest zeitweise auf andere Stoffe zur Energieversorgung ausweichen können, ist unser Gehirn ausschließlich auf Glukose als Energieträger angewiesen.

Dies ist jedoch nicht allein der Grund für den Ruf des Vitamin B1, das »Nervenvitamin« zu sein. Es scheint darüber hinaus noch andere Funktionen im Nervensystem zu haben, für die es eine Reihe Indizien gibt, die allerdings wissenschaftlich noch nicht geklärt sind.

Wichtig: Ohne Thiamin fließt keine »Power«.

Mangel: Müdigkeit kann das erste Zeichen sein

Symptome wie bei Kreislaufstörung

Die ersten Symptome ähneln leichten Kreislaufstörungen: Mit einem Kribbeln in den Armen und Beinen und regelmäßig eingeschlafenen Füßen fängt es an. Dann wird die Beinmuskulatur schwächer und Lähmungen stellen sich ein. Die Gelenke versteifen, schwere Nervenentzündungen, psychische Störungen, Krämpfe kommen hinzu, bis schließlich der Tod durch Herz-Kreislaufversagen eintritt.

An Beri-Beri, der »klassischen« Thiamin-Mangelkrankheit, starben bis in unser Jahrhundert zahllose Menschen vor allem in den Ländern Südostasiens. Ihre Hauptnahrung bestand aus geschältem Reis, der kein Thiamin mehr enthält. Beim Reis steckt das gesamte Vitamin B1 in der Schale. Wegen Unterernährung erkranken in den Entwicklungsländern, vor allem in Asien, auch heute noch viele Menschen an der Thiamin-Mangelkrankheit.

In den Wohlstandsländern ist Beri-Beri ein unbekanntes Krankheitsbild. Allerdings können leichte Formen des Vitamin-B1-Mangels auch hier auftreten. Dieser Mangel äußert sich grundsätzlich in zwei Symptomenbereichen:

- Störungen im Herz-Kreislauf-System wie Atemnot, Beklemmungsgefühle, Herzschmerzen und Herzklopfen.
- Neurologische Störungen und psychische Veränderungen wie Müdigkeit, Konzentrationsmangel, verminderte Merkfähigkeit, Reizbarkeit, Depression und Angstzustände.

Vorkommen und Verfügbarkeit: Volles Korn und Schweinefleisch – die wichtigsten Lieferanten

Oft nur in Spuren vorhanden

Vitamin B1 kommt in fast allen Lebensmitteln vor, was eine gute Versorgung allerdings nicht selbstverständlich macht, da es in vielen Lebensmitteln nur in Spuren enthalten ist. Die wichtigsten Thiamin-Lieferanten sind Vollkornprodukte und Schweinefleisch, beim Gemüse tun sich Erbsen als besonders thiaminreich hervor. Dank eines allgemeinen Trends – weg von nähr- und ballaststoffarmen Weißmehlen hin zu Vollkornmehlen – hat sich auch die Versorgung mit Thiamin gebessert. Inzwischen gibt es Weißmehl, das noch Getreidekeime enthält, die einen besonders hohen Vitamin-B1-Gehalt haben.

Bedarf und Risikogruppen: Versorgungslücken sind verbreitet

Kohlenhydrate erhöhen den Bedarf

Wegen der besonderen Rolle des Thiamin im Kohlenhydratstoffwechsel steigt der Vitamin-B1-Bedarf bei kohlenhydratreicher Ernährung. Generell wird ein täglicher Bedarf von 0,33 Milligramm Thiamin pro 1000 kcal angenommen. Menschen mit deutlich erhöhtem Energieverbrauch wie zum Beispiel Leistungssportler oder körperlich schwer arbeitende Personen müssen also ebenfalls mehr Thiamin zu sich nehmen als der Durchschnitt der Bevölkerung.

Thiamin gehört zu den Vitaminen, mit denen Menschen vieler Alters- und Bevölkerungsgruppen relativ schlecht versorgt sind. Das heißt zwar nicht, daß hier echte Mangelsituationen auszumachen sind. Doch schon die Tatsache, daß häufig Werte an der unteren Grenze des Normbereichs gemessen werden, ist Grund genug, selbst auf eine gute Versorgung zu achten. Gründe für Defizite in der Versorgung sind:

Mangel durch einseitige Ernährung

- Einseitige Ernährung, zum Beispiel im Rahmen längerer Extrem-Diäten oder Crash-Kuren.
- Altersbedingt einseitige Ernährung, zum Beispiel bei alten Menschen, die sich aus Gründen der Verträglichkeit nicht mehr abwechslungsreich genug ernähren.
- Alkoholmißbrauch, weil Alkohol den Thiaminstoffwechsel stört und den Thiamin-Bedarf erhöht.
- Krankheiten des Magen-Darm-Traktes, bei denen die Aufnahme und Verwertung des Thiamin gestört ist.

Soviel Vitamin B1 steckt in …

Empfohlene tägliche Zufuhr für Erwachsene: 1,3–1,6 Milligramm (mg)

Menge	*Lebensmittel*	*Gehalt mg*	*Empfohlene Zufuhr %*
10 g	Bierhefe	1,2	83 %
150 g	Schweinefleisch, mag.	1,05	72 %
150 g	Hähnchenbrust	0,75	52 %
150 g	Scholle	0,32	22 %
150 g	Weizenvollkornbrot	0,38	26 %
30 g	Weizenkeime	0,6	41 %
250 g	Kartoffeln	0,25	17 %
50 g	Reis	0,2	14 %
150 g	Erbsen	0,52	36 %

Thiamin – flüchtig und empfindlich

Wasser und Hitze zerstören Thiamin

Thiamin ist ein »Sensibelchen« unter den Vitaminen. Beim Waschen von Lebensmitteln wird Vitamin B1 leicht ausgelaugt. Es ist sehr temperaturempfindlich, so daß beim Kochen und Backen viel verloren geht. Thiaminreiche Lebensmittel sollten deswegen möglichst schonend behandelt und möglichst kurz und so niedrig wie möglich erhitzt werden! Allein beim Toasten von Brot gehen 40 – 50 Prozent des vorhandenen Thiamin verloren. Beim Sterilisieren von Milch wird ein Drittel des Gehalts an Vitamin B1 zerstört.

Zu dieser Empfindlichkeit hat das Vitamin B1 auch noch zerstörerische Widersacher in vielen anderen Lebensmitteln. Brombeeren, schwarze Johannisbeeren, rote Rüben, Rosenkohl und Rotkohl enthalten Thiaminase, einen Stoff, der das Thiamin zerstört. Ißt man thiaminreiche Lebensmittel zusammen mit thiaminasehaltigen, so machen die dem Vitamin B1 den Garaus, bevor es aufgenommen werden kann. Auch roher Fisch enthält hohe Mengen Thiaminase, was heute noch in Asien, wo viel roher Fisch gegessen wird, häufig ein Grund für die schlechte Thiaminversorgung ist. Durch Kochen oder andere Hitzebehandlung wird die Fisch-Thiaminase zerstört.

Thiaminase zerstört Thiamin

Wenn Sie die Aufnahme von Thiamin aus der Nahrung verbessern wollen, dann essen Sie thiaminreiche Lebensmittel zusammen mit pflanzlichen Fetten, die einen hohen Gehalt an ungesättigten Fettsäuren haben (Sonnenblumenöl), oder mit Vitamin-C-reichen Lebensmitteln (Obst, Gemüse).

Mangel durch Extremdiäten

Als wasserlösliches Vitamin ist Thiamin nur mit einem Gesamtbestand von etwa 25 Milligramm im Körper vorhanden. Schon deswegen ist es wichtig, daß Sie auf eine regelmäßige Zufuhr achten, da sich ansonsten bereits nach wenigen Wochen ein Mangel einstellt. So erklärt sich auch, warum häufige Crash-Kuren und Extremdiäten schnell zum Vitamin-B1-Mangel führen.

Thiamin ist auch Medizin

Vitamin B1 in hohen Dosen wird inzwischen bei einer ganzen Reihe neurologischer Erkrankungen eingesetzt. Auch in der Schmerztherapie verzeichnet man Erfolge mit

Hilft bei Schmerzen

hochdosiertem Vitamin B1. Bei Patienten mit Kopfschmerzen, Wirbelsäulen-Syndrom, Gelenkschmerzen und Nervenschmerzen konnte das Thiamin in Tablettenform zur Schmerzlinderung eingesetzt werden.
Die Gefahr von Nebenwirkungen bei Verabreichen sehr hoher Thiamin-Mengen besteht dabei kaum. In wenigen Fällen, wo es infolge extremer Dosierung (über 500 Milligramm, intravenös verabreicht) zu Reaktionen kam, traten Symptome wie Schweißausbrüche, Atemnot, Herzklopfen und Hitzegefühl auf.

Vitamin B2 – bringt den Stoffwechsel in Schwung

Abbildung: Vitamin B2

Das Vitamin B2, auch Riboflavin genannt, ist eher ein »unauffälliges« Vitamin. Der große Auftritt als potentielles Wundermittel gegen eine unserer Zivilisationskrankheiten blieb ihm bisher zumindest versagt. In unserem Stoffwechsel spielt es allerdings eine sehr wichtige Rolle. Ohne Vitamin B2 läuft nichts – und das im wahrsten Sinne des Wortes. Denn dieses Vitamin greift – ähnlich wie das Thiamin – an zentralen Stellen in die Energiegewinnung ein.

Funktion: Riboflavin – damit aus Nahrung Energie wird

Wenn von Verbrennung der Nährstoffe – Kohlenhydrate, Fette und Eiweiße – geredet wird, umschreibt man damit die Tatsache, daß letztlich alle verwertbare Nahrung in unserem Körper der Energiegewinnung dient. Dazu werden die Nährstoffe in komplizierten Kreisläufen wie der Glykolyse und der β-Oxidation in einfachste Grundbausteine zerlegt.

Bedeutend für den Energiehaushalt

Man nennt diesen Prozeß, der in jeder Zelle abläuft, auch Atmungskette. Weil das Riboflavin in der Atmungskette gebraucht wird, bedeutet dies natürlich auch, daß jede unserer Körperzellen Vitamin B2 zum Leben braucht.
Neben dieser zentralen Aufgabe im Rahmen der Energiegewinnung erfüllt das Riboflavin noch einige andere Funktionen:
• Es ist am Auf- und Abbau der roten Blutkörperchen beteiligt, hilft der Leber beim Entgiften und spielt für das Wachstum und die Entwicklung des Embryos eine wichtige Rolle.
• Auch im Augenstoffwechsel wird Vitamin B2 gebraucht. Vermutlich hat Riboflavin eine Lichtschutzwirkung und ist nötig für das Dämmerungssehen.
• Im Nervensystem sorgt es für die Erhaltung der Myelinschicht, der »Schutzschicht« um die Nerven.
Darüber hinaus nimmt man an, daß Vitamin B2 auch für ein funktionierendes Immunsystem gebraucht wird.

Echter Mangel ist selten

Ein schwerer Vitamin-B2-Mangel tritt äußerst selten auf. Wenn, dann geht dieser Mangel oft mit einem Mangel an anderen B-Vitaminen oder Niacin einher, zum Beispiel bei der Pellagra, die aus einer kombinierten Unterversorgung mit Riboflavin und Niacin entsteht (→ Niacin, Seite 69).

Mangelsymptome

Erste Anzeichen eines Riboflavin-Mangels können psychischer Natur sein, beispielsweise Müdigkeit und Konzentrationsschwäche. Dazu können Entzündungen der Mundschleimhaut und Risse an den Mundwinkeln auftreten, die Haut wird schuppig und rote Flecken tauchen auf.

Vorkommen und Verfügbarkeit: Die Milch machts

Viele Lebensmittel enthalten Vitamin B2. Besonders gute Lieferanten sind Milch, Käse, Fleisch, Fisch, Eier und Produkte aus dem vollen Korn. Wer viel Milch trinkt, braucht um seine Vitamin-B2-Versorgung nicht zu fürchten. Ein halber Liter täglich sichert die Versorgung. Der Anstieg des Milch- und Käseverzehrs, insbesondere bei Jugendlichen, hat in den letzten Jahren zu einer wesentlichen Verbesserung der Versorgungssituation geführt.

Bedarf und Risikogruppen: Jugendliche brauchen mehr

Schwangere und Stillende

Den Riboflavin-Bedarf gibt die Deutsche Gesellschaft für Ernährung mit 1,7 Milligramm pro Tag für Männer und 1,5 Milligramm für Frauen an. Bei Schwangeren und Stillenden ist der Bedarf auf 1,8 Milligramm beziehungsweise 2,3 Milligramm erhöht. Zwar verhindern beim Erwachsenen bereits 0,8 – 0,9 Milligramm Riboflavin täglich das Auftreten von Mangelerscheinungen, die Versorgung muß allerdings bei einer Zufuhr in dieser Menge als ungenügend betrachtet werden.

Versorgung auch bei Diät sichern

Da Vitamin B2 für den Energiestoffwechsel von Bedeutung ist, muß sich die Riboflavin-Zufuhr auch an der aufgenommenen Energiemenge orientieren. Wer länger dauernde Diäten durchführt, sollte eine tägliche Mindestmenge von 1,2 Milligramm Vitamin B2 nicht unterschreiten, um keine Störungen des Stoffwechsels zu provozieren, der schließlich auch beim Hungern in jedem Fall die Energie für den Grundumsatz (Energiemenge zur Erhaltung des Lebens in Ruhestellung) bereitstellen muß. Im Zweifelsfall sollte bei Diäten die Vitamin-B2-Versorgung mit einem Vitaminpräparat gesichert werden.

Jugendliche zwischen 15 und 18 Jahren haben mit 1,8 Milligramm für Jungen und 1,7 Milligramm für Mädchen den höchsten Bedarf. Gleichzeitig wird in dieser Gruppe am häufigsten ein Mangel beziehungsweise eine schlechte Versorgung festgestellt. Wenn auch bei der Gruppe der 18- bis 35jährigen Frauen überdurchschnittlich oft eine schlechte Versorgung vorkommt, sind meist Schlankheitsdiäten wichtigste Ursache für dieses Defizit.

Versorgungshemmende Faktoren

Chronischer Alkoholmißbrauch, starkes Rauchen, die Pille, bestimmte Psychopharmaka (sogenannte trizyklische Antidepressiva) sowie Verdauungsstörungen und extremer Vegetarismus (Veganismus) können weitere Ursachen für eine schlechte Versorgung oder einen echten Mangel an Vitamin B2 sein. Vegane Vegetarier lehnen nicht nur Fleisch, sondern auch Milch, Milchprodukte, Fisch und Eier als tierische Lebensmittel ab. Damit schließen sie die wichtigsten Riboflavin-Quellen aus ihrer Nahrung aus.

Wichtig: Wer seine Riboflavin-Versorgung etwas aufbessern will, der kann dies prima mit Hefe tun. Hefe ist das an Vitamin B2 reichste Lebensmittel überhaupt. Dies sollte allerdings auch nicht zur langfristigen Gewohnheit gemacht werden, da zuviel Hefe die Gichtgefahr erhöht.

Riboflavin ist lichtempfindlich

Riboflavin ist zwar ziemlich hitzeresistent, dafür jedoch besonders lichtempfindlich. Um hohe Vitamin-B2-Verluste zu vermeiden, sollte zum Beispiel Milch in klaren Glasflaschen dem Tageslicht möglichst wenig ausgesetzt werden.
Daß zuviel Riboflavin schadet, ist nicht bekannt. Für B2-Megadosen verfügt unser Stoffwechsel, wie für alle wasserlöslichen Vitamine, über eine Patentlösung: Das Zuviel wird rasch über die Niere wieder ausgeschieden und färbt den Harn tiefgelb. Das intensive Gelb ist sozusagen ein Erkennungszeichen für reines Riboflavin. Wer viel Milch trinkt oder ein Präparat mit B-Vitaminen zu sich nimmt, muß sich also über tiefgelben Harn nicht wundern.

Soviel Vitamin B2 steckt in …

Empfohlene tägliche Zufuhr für Erwachsene: 1,5–1,7 Milligramm (mg)

Menge	*Lebensmittel*	*Gehalt mg*	*Empfohlene Zufuhr %*
50 g	Schweineleber	1,6	100 %
100 g	Hähnchenbrust	0,9	62 %
150 g	Seelachs, Makrele	0,53	37 %
20 g	Bierhefe	0,75	47 %
150 g	Spinat, Broccoli, roh	0,3	19 %
150 g	Joghurt, 3,5 % Fett	0,27	16 %
500 g	H-Milch, Trinkmilch	0,9	62 %
30 g	Weizenkeime	0,22	14 %

Vitamin B6 – die Baupolizei

Als der Vitamin-Forscher Szent-Györgyi im Jahr 1934 junge Ratten mit einer künstlichen Nahrung fütterte, der die Vitamine B1 und B2 beigemischt waren, reagierten die Tiere schon bald mit schweren Schäden. An Kopf und Pfoten fielen ihnen die Haare aus, die Haut rötete sich. An Nase, Kinn, Ohren und Pfoten der Tiere traten plötzlich starke Schwellungen mit wässrigem Inhalt auf.

Abbildung: Vitamin B6

Szent-Györgi vermutete, einem bis dahin unbekannten Vitamin auf der Spur zu sein. Im weiteren Verlauf des Experiments gab er der Kunstnahrung Hefe zu, worauf die Tiere in kürzester Zeit gesundeten. Vier Jahre später gelang es einer amerikanischen und einer deutschen Forschergruppe fast gleichzeitig, das Vitamin B6, auch Pyridoxin genannt, zu identifizieren.

Funktion: Vitamin B6 regelt den Eiweißstoffwechsel

Eiweiß, das mit der Nahrung aufgenommen wird, wird in unserem Körper zunächst einmal ziemlich komplett in seine Einzelbestandteile, die Aminosäuren, zerlegt. Daraus wird dann in recht komplizierten Verfahren körpereigenes Eiweiß aufgebaut.
Hier findet das Vitamin B6 ein breites Betätigungsfeld: Es ist an mehr als sechzig Enzymsystemen des Eiweiß- und Aminosäurestoffwechsels als sogenanntes Coenzym beteiligt.
Eiweiß wird bildhaft auch als »Baustoff« des Körpers bezeichnet. Es dient weniger der Energiegewinnung als dem Aufbau und der Erhaltung beziehungsweise Erneuerung der Körpersubstanz. Fehlt Vitamin B6, kommt es zum Baustopp. Im übertragenen Sinn ist Vitamin B6 tatsächlich eine Art Baupolizei, die den Eiweißverkehr im Körper regelt.

Mangel: Das ganze System leidet

Eiweiß ist wichtig für jede Zelle

Ein funktionierender Eiweißstoffwechsel ist für jede Zelle überlebenswichtig. Deswegen betrifft ein Pyridoxin-Mangel auch das gesamte System, Mangelsymptome machen sich an den verschiedensten Organen bemerkbar. Besonders empfindlich reagieren Gehirn und Nervensystem auf einen Pyridoxin-Mangel, weil sie besonders stark auf einen störungsfreien Ablauf des Eiweißstoffwechsels angewiesen sind.

1954 trat in den USA eine »Krampfepidemie« bei Kleinkindern auf. Auslöser dieser Epidemie war ein Milchpräparat für Säuglinge, das zur Haltbarmachung stark erhitzt worden war. Dabei wurde fast der ganze B6-Gehalt der Milch zerstört. Infolge dieses Mangels bekamen die Kinder epilepsieartige Krämpfe. Als den betroffenen Kindern Vitamin B6 verabreicht wurde, ließen die Krämpfe schnell nach.

Symptome eines Mangels

Krampfzustände in unregelmäßigen Abständen gehören zu den typischen Mangelsymptomen, ebenso Appetitlosigkeit, Durchfälle und Erbrechen. Wenn Pyridoxin fehlt, reagiert auch die Haut mit Entzündungen und Seborrhoe-ähnlichen Ausschlägen um Augen, Mund und Nase; das Nervensystem zeigt Ausfallserscheinungen. Ein Pyridoxin-Mangel kann auch eine Anämie (Blutarmut) auslösen, weil der erste Schritt zur Synthese des Blutfarbstoffes – eines Eiweißstoffes – von einem pyridoxinhaltigen Coenzym abhängig ist .

Vorkommen: Überall ein bißchen

Fleisch, Innereien, Fisch

Vitamin B6 ist in fast allen Lebensmitteln enthalten, und es wird sowohl von Mikroorganismen als auch von höheren Pflanzen hergestellt. Einen besonders hohen Pyridoxin-Gehalt haben Fleisch und Innereien. Aber auch eine Reihe von Obst- und Gemüsesorten tragen mit guten B6-Gehalten zur Versorgung bei, zum Beispiel Kartoffeln, Erbsen, Möhren, Grünkohl oder Bohnen, die Banane als Spitzenreiter beim Obst. Sehr gute Pyridoxin-Quellen sind auch Brot und andere Getreideprodukte; Milch und Milchprodukte enthalten dagegen relativ wenig Vitamin B6. Einige Fischarten wie Makrele und Sardine gehören übrigens auch zu den Spitzenreitern; sie enthalten so viel Vitamin B6 wie Rinderleber.

Soviel Vitamin B6 steckt in ...

Empfohlene tägliche Zufuhr für Erwachsene: 1,6–1,8 Mikrogramm (µg)

Menge	*Lebensmittel*	*Gehalt µg*	*Empfohlene Zufuhr %*
150 g	Lachs	1,47	86 %
150 g	Leber, Huhn	1,2	71 %
150 g	Truthahn, Brust	0,69	41 %
150 g	Banane, roh	0,55	32 %
150 g	Avocado, roh	0,8	47 %
250 g	Kartoffeln, roh	0,56	33 %
150 g	Paprika, roh	0,4	24 %
150 g	Spinat u. Zuckermais	0,33	20 %

Bedarf und Risikogruppen: Versorgung nicht immer gesichert

Nach den Empfehlungen der Deutschen Gesellschaft für Ernährung sollten Erwachsene täglich 1,6 bis 1,8 Milligramm Pyridoxin aufnehmen. Trotz seines Vorkommens in fast allen Lebensmitteln ist die Versorgung mit Vitamin B6 in einigen Bevölkerungsgruppen bei weitem nicht optimal.

Junge Menschen sind besonders gefährdet

Hierzu zählen vor allem wieder junge Menschen, dabei besonders jüngere Frauen zwischen 18 und 24 Jahren. Wie beim Vitamin B2, dürften häufige Abmagerungskuren die Ursache auch für einen Vitamin-B6-Mangel sein.

Auch Schwangere und Stillende haben einen erhöhten Bedarf an Pyridoxin.

Wichtig: Der Vitamin-B6-Bedarf ist keine konstante Größe, sondern er steigt vor allem mit der Höhe des Eiweißanteils in der Nahrung. Menschen, die sich mit viel Fleisch, Fisch und/oder Milchprodukten ernähren, brauchen besonders viel Pyridoxin, weil tierisches Eiweiß allein den Pyridoxin-Bedarf wesentlich stärker erhöht, als wenn zusätzliches Eiweiß aus Gemüse oder Getreideprodukten aufgenommen wird.

Pyridoxin und seine Widersacher

Störfaktor Pille

Die kontinuierliche Einnahme der Anti-Baby-Pille streßt den Pyridoxin-Haushalt und erhöht ebenfalls den Bedarf an Vitamin B6. In verschiedenen Untersuchungen an Frauen, die regelmäßig die Pille nehmen, wurden niedrige Vitamin-B6-

Spiegel sowie sogenannte »präklinische« Mangelsymptome festgestellt. Auch einige andere Medikamente wie zum Beispiel das Tuberkulose-Mittel Isoniazid und die Antibiotika *D-Penicillamin* und *Cycloserin* haben eine Anti-Pyridoxin-Wirkung. Werden diese Medikamente langfristig eingenommen, muß gleichzeitig die ausreichende Zufuhr an Vitamin B6 über Vitaminpräparate gesichert sein.

Medikamente und Alkohol

Wie bei so vielen anderen Vitaminen erhöhen Alkoholmißbrauch und starkes Rauchen auch den Bedarf an Vitamin B6 erheblich – diese Suchtformen sind regelrechte »Pyridoxin-Fresser«.

Pyridoxin in der Medizin

Bei Erkrankungen des Nervensystems

Vitamin B6 wird bei einer ganzen Reihe von Erkrankungen des Nervensystems eingesetzt. Bei Gehirnhautentzündung, Gehirnerschütterung und Gehirnblutung hilft hochdosiertes Vitamin B6, geschädigte Nervenzellen zu regenerieren.
Nach intensiven Behandlungen mit Röntgenstrahlen können Schädigungen mit Symptomen wie Übelkeit, Erbrechen, Kopfschmerzen und Erschöpfungszuständen, sogenannter »Röntgenkater« auftreten. Auch in der Behandlung dieser Strahlenschäden wurden mit Vitamin B6 gute Erfolge erzielt.
Bei Stoffwechselstörungen des Herzmuskels durch Überanstrengung oder übertriebenes sportliches Training kann hochdosiertes Vitamin B6 ebenso positive Wirkung zeigen wie bei manchen Fällen von Nierenschwäche (Niereninsuffizienz).

Hilft bei Reisekrankheit

Auch als Mittel gegen die Reisekrankheit beim Menschen und bei Haustieren, die auf Reisen mitgenommen werden, wird Vitamin B6 in einer vorbeugenden Dosis von 80 bis 200 Milligramm empfohlen.
Eine weitere mögliche Wirkung des Pyridoxin wird derzeit noch erforscht. In Kuba stellte man fest, daß Kinder, die Zuckerrohr als Hauptnahrungsmittel nutzen, erstaunlich selten an Karies erkranken. Die Wissenschaftler vermuten, daß hier der hohe Vitamin-B6-Gehalt des Zuckerrohrs eine Karies-Schutzfunktion erfüllt.
Nebenwirkungen oder gar Krankheitssymptome durch zu hohe Vitamin-B6-Dosen sind bisher nicht bekannt.

Vitamin B12 – damit wir junges Blut behalten.

Blaß und blutleer sehen Menschen aus, die an Vitamin-B12-Mangel leiden. Bis zum Anfang dieses Jahrhunderts, als noch niemand den Grund für das Siechtum der Kranken mit »perniziöser Anämie« kannte, starben Tausende an dem Leiden, das heute so leicht zu kurieren ist. In den zwanziger Jahren brachte die Idee des amerikanischen Arztes Dr. George Minot den ersten Hoffnungsschimmer. Seiner Theorie nach trat die Krankheit nur bei Personen mit kranker oder geschädigter Leber auf. Als Therapie verordnete er ein Gemisch aus roher Leber, etwas Zitrone, Zwiebeln und diversen Gewürzen, alles kleingehackt und gut vermengt. Zwar trat bei vielen Patienten eine Linderung der Beschwerden ein, die meisten reagierten jedoch angesichts der rohen Leber mit Übelkeit auf den wenig appetitlichen Anblick.

Abbildung: Vitamin B12

Diese zaghaften Erfolge brachten die Wissenschaftler nun zumindest auf die richtige Fährte – Dr. Minot erhielt für seine Leistung 1934 den Nobelpreis. Das *Cobalamin* – so lautet die chemische Bezeichnung für das Vitamin B12, wurde erst 14 Jahre später entdeckt. Im Jahr 1948 isolierte man erstmals aus 4000 (!) Kilogramm Leber gut 1 Gramm einer roten, kristallinen Flüssigkeit – das Cobalamin.

Funktion: Vitamin B12 – für Blutbildung und Wachstum

Das Cobalamin ist in unserem Körper zwar nicht an vielen, dafür aber an umso wichtigeren Reaktionen beteiligt. Ohne das Cobalamin bleiben bestimmte »Basisreaktionen« im Kohlenhydrat-, Fett- und Eiweißstoffwechsel aus. Diese Reaktionen sind jedoch für eine ganze Reihe lebenswichtiger

Ermöglicht Basisreaktionen im Stoffwechsel

Prozesse notwendig: Vitamin B12 wird gebraucht, damit die roten Blutkörperchen Zeit unseres Lebens immer wieder im Knochenmark gebildet werden können.
Ohne Vitamin B12 ist das Wachstum gestört, und die ausreichende Versorgung mit diesem Vitamin ist für Kleinkinder und Heranwachsende besonders wichtig. Auch überall dort, wo der Körper viele Zellen in kurzer Zeit regenerieren muß, ist das Vitamin B12 gefragt – zum Beispiel im Nervensystem, wo es an der Bildung des Nervengewebes beteiligt ist.

Mangel: perniziöse Anämie

Zerstörerische Blutarmut – so etwa läßt sich der Begriff »perniziöse Anämie«, die klassische Vitamin-B12-Mangelkrankheit, übersetzen – war schon lange vor Entdeckung des Vitamins eine gefürchtete Diagnose. Damals war die Krankheit tatsächlich zerstörerisch, endete sie doch in der Regel mit dem Tod der Betroffenen. Als äußerlich sichtbares Symptom tritt eine blaßgelbe Hautfarbe auf, dazu kommen extreme Müdigkeit und Abgeschlagenheit, entzündete Zunge, Kribbeln in den Gliedmaßen bis hin zu Lähmungserscheinungen. Die innerlichen Symptome registriert der Mediziner unter dem Mikroskop in Form von schwerwiegendsten Zellveränderungen, vor allem an den Zellen des blutbildenden Systems.

Symptome eines Mangels

Die Ursachen für einen schweren Cobalamin-Mangel liegen allerdings nur in den seltensten Fällen in einer falschen Ernährung. Gründe dafür sind meistens Verdauungsstörungen wie chronische Gastritis oder Dünndarmerkrankungen (Divertikulose). Auch Medikamente und Gifte können eine perniziöse Anämie auslösen, beispielsweise bestimmte krampflösende Mittel, Tuberkulostatika und bestimmte Antibiotika, etwa das *Neomycin* und das *Colchicin.*

Mangel entsteht im Darm

Die meisten Ursachen lösen den Cobalamin-Mangel auf demselben Weg aus: Sie behindern die Aufnahme des Vitamins aus dem Darm in den Körper. Cobalamin gelangt ausschließlich über einen aktiven Transportmechanismus in unseren Stoffwechsel. Das Transportmittel ist der sogenannte *»intrinsic-Faktor«,* eine Substanz, die von bestimmten Zellen im Magen produziert wird. Fehlt der *»intrinsic-Faktor«,* oder

intrinsic-Faktor

ist seine Bildung gestört oder sogar unterbrochen – wie bei einer chronischen Magenschleimhaut-Entzündung –, wird Vitamin B12 nicht mehr in den Körper aufgenommen.

Vorkommen und Verfügbarkeit: Vitamin B12 wird von Bakterien produziert

Für die Deckung des Vitamin-B12-Bedarfs sind Mensch und Tier auf Bakterien angewiesen, denn nur die können Cobalamin-Verbindungen produzieren. Ob der Mensch das von seinen Darmbakterien produzierte Cobalamin aufnehmen und verwerten kann, ist nicht eindeutig nachweisbar. Offensichtlich können minimale Mengen resorbiert werden – zu wenig jedoch, um den Bedarf zu decken.

Tierische Lebensmittel

Die besten Vitamin-B12-Quellen sind tierische Lebensmittel; Leber, Nieren und Hirn haben einen besonders hohen Gehalt. Gute Quellen sind Milch und Milchprodukte, Muskelfleisch, Fisch und Eier; Bier und Sauerkraut (Endprodukte von Gärungsprozessen, die von Bakterien ausgelöst werden), enthalten geringe Mengen des Vitamins. Vitamin B12 ist wasserlöslich und empfindlich gegen Hitze. Beim Kochen der Lebensmittel wird ein großer Anteil des Vitamins zerstört.

Schädigende Wechselwirkungen

Daß sich manche Vitamine gegenseitig beeinträchtigen, dafür geben Vitamin B12 und Vitamin C ein Beispiel. Cobalamin kann durch einen Vitamin-C-Überschuß zerstört werden, Vitamin B1 beeinflußt die Stabilität des Vitamin B12 negativ. Darüber hinaus kennt man verschiedene Wechselwirkungen des Cobalamin mit Medikamenten. So senkt die Anti-Baby-Pille den Vitamin-B12-Spiegel im Blut, Medikamente gegen Tuberkulose und krampflösende Mittel hemmen die Aufnahme des Cobalamin aus dem Darm.

Bedarf und Risikogruppen: Bereits ein viertel Liter Milch genügt

Nach den Empfehlungen der Deutschen Gesellschaft für Ernährung ist eine täglich Zufuhr von 3 Mikrogramm (µg) täglich ausreichend, um unseren Bedarf zu decken. Eine ausgewogene Mischkost enthält Vitamin B12 in Mengen, die weit über den Bedarf hinausgehen. Deshalb können Zubereitungsverluste, die bei scharfem Braten von Leber,

Fleisch und Fisch oder beim Aufkochen von Milch zwischen 10 und 30 Prozent des Vitamin-B12-Gehalts schwanken, die Versorgung kaum beeinträchtigen. Bereits ein viertel Liter Milch pro Tag, 10 Gramm Kalbsleber oder 2 Eier reichen aus, um Mangelerscheinungen langfristig vorzubeugen.

Mangel tritt erst nach Jahren auf

Auch bei schweren Störungen der Vitamin-B12-Aufnahme oder durch mangelhafte Ernährung kommt es normalerweise erst nach Jahren zu offensichtlichen Mangelerscheinungen. Der Körperbestand an Cobalamin liegt bei 2–5 Gramm, die zum größten Teil in der Leber gespeichert werden, und reicht auch bei völliger Zufuhrsperre für cirka 1000 Tage.
Gefährdet sind allenfalls strenge Vegetarier – die sogenannten Veganer – die nicht nur auf Fleisch, sondern auch auf Milch, Milchprodukte und Eier in ihrer Kost verzichten, sich also völlig cobalaminfrei ernähren. Aus den genannten Gründen treten jedoch auch bei ihnen nur in den seltensten Fällen schwere Mangelzustände auf. Eine ernsthafte Gefährdung bedeutet es allerdings für voll gestillte Säuglinge, wenn ihre Mütter sich rein vegan ernähren.

Soviel Vitamin B12 steckt in …

Empfohlene tägliche Zufuhr für Erwachsene: 3,0 Mikrogramm (µg)

Menge	*Lebensmittel*	*Gehalt µg*	*Empfohlene Zufuhr %*
10 g	Leber, Kalb	6	200%
50 g	Hering	4,25	142%
100 g	Lachs	2,9	97%
150 g	Rinderkeule	3,3	110%
500 g	Milch	2,1	70%
175 g	Joghurt	0,75	25%
125 g	Speisequark, mager	1,1	37%
30 g	Camembert	0,93	31%

Vitamin B12 in der Medizin

Neurotrope Vitamine

Bei Nervenschmerzen und Nervenentzündungen werden häufig Kombinationspräparate verabreicht, die neben den Vitaminen B1 und B6 auch hohe Mengen an Vitamin B12 enthalten – diese Vitamine werden von den Medizinern wegen ihrer positiven Effekte auf die Nervenzellen auch *neurotrope* Vitamine genannt.

Biotin – Lebenselixier für die Haut

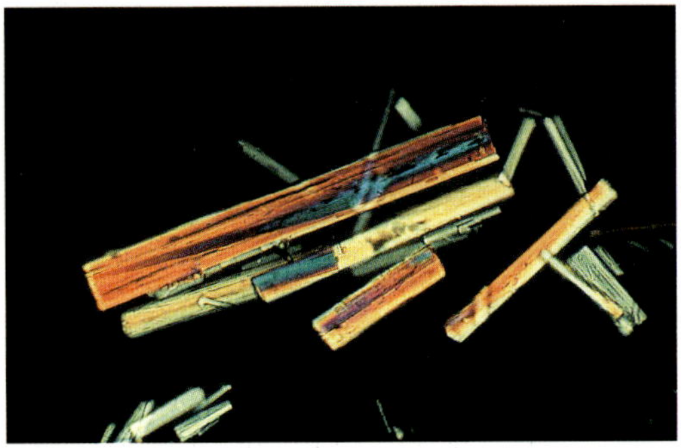

Bios = Lebensfaktor, so nannte man Anfang dieses Jahrhunderts den noch unbekannten Wirkstoff, den Hefen für ihr Wachstum brauchen. Erst 35 Jahre später gelang es den deutschen Chemikern Kögl und Tönnis, das Biotin aus Eidotter zu isolieren und seine chemische Struktur zu analysieren.

Abbildung: Biotin

Funktion: Biotin – Spediteur für Kohlendioxid

Der »Sprit« des Motors für unsere Energieversorgung, unseres Stoffwechsels, ist die Glukose. Aus Nahrungskohlenhydraten und bei Bedarf sogar aus Fetten wird ständig Glukose hergestellt – man nennt diesen Vorgang Glukoneogenese. Fehlt dem Stoffwechsel Biotin, wird die Glukoneogenese unterbrochen.

Die Aufgabe des Biotin bei diesem Vorgang besteht darin, Kohlendioxid zu liefern, das zur Glukoseproduktion gebraucht wird. Kohlendioxyd wird bei vielen chemischen Reaktionen unseres Stoffwechsels wie Aufbau körpereigener Fette, Eiweiße und Kohlenhydrate eingebaut oder freigesetzt – das Biotin wirkt dabei sozusagen als Spediteur, der das Gas hin- und hertransportiert.

Andererseits wird Biotin auch zum Abbau vieler Substanzen benötigt – etwa bei der Zerlegung verschiedener Aminosäuren beim Eiweißabbau. Das läßt ahnen, wie wichtig das Biotin für Wachstum und Erneuerung von Blut, Nerven, Haut und Haaren ist.

Mangel: Die Haut leidet zuerst

Die ersten Hinweise auf Biotin-Mangel zeigten sich im Tierversuch mit Ratten, die eine Diät aus rohem Eiweiß erhielten. Entzündungen der Haut (Dermatitis), Haarausfall und Störungen bei der Fortpflanzung waren die Symptome.

Symptome eines Mangels

Bei Versuchen mit freiwilligen Testpersonen, die über längere Zeit rohes Hühnereiweiß aßen, traten die ersten Veränderungen ebenfalls an der Haut auf. Nach drei bis vier Wochen begann die Haut stark zu schuppen, daraus entwickelte sich eine schwere Dermatitis, begleitet von Depressionen, Müdigkeit, Muskelschmerzen, Appetitlosigkeit und Übelkeit. Die Beschwerden verschwanden vollständig innerhalb von fünf Tagen nach dem Ausgleich des Mangels durch eine Biotinspritze.
Warum sich der Biotin-Mangel durch rohe Eier auslösen läßt, ist leicht zu erklären. Rohes Hühnereiweiß enthält Avidin. Diese Substanz hat die unfreundliche Eigenschaft, alles verfügbare Biotin aus der Nahrung chemisch an sich zu binden, so daß unsere Verdauung es nicht mehr verwerten kann.
Hitze zerstört das Avidin, und Freunde von Eierspeisen brauchen sich nicht zu sorgen – in gekochten oder gebratenen Eiern ist das Avidin außer Gefecht gesetzt.

Vorkommen und Verfügbarkeit: Biotin – in fast allen Lebensmitteln

Hoher Gehalt in Leber und Hefe

Wie Cobalamin wird auch Biotin hauptsächlich von Mikroorganismen produziert. Fast alle Lebensmittel enthalten Spuren von Biotin – in den meisten Lebensmitteln ist das Vitamin nur in Mengen von wenigen Millionstel Gramm enthalten. Den höchsten Biotingehalt haben Leber und Hefe.
Auch die menschliche Darmflora produziert Biotin, aber auch hier ist – ähnlich wie beim Cobalamin – umstritten, ob dieses Darm-Biotin verwertet werden kann.

Bedarf und gefährdete Gruppen

Die heutigen Empfehlungen für die Biotin-Zufuhr beruhen ausschließlich auf Schätzungen. Mit einer normalen Mischkost werden täglich zwischen 50 und 100 Mikrogramm Biotin aufgenommen. Da bei dieser Menge bisher keine ernährungsbedingten Mangelerscheinungen festgestellt wurden, orientiert sich auch die Deutsche Gesellschaft für Ernährung an diesen Werten. Sie empfiehlt die tägliche Zufuhr von 30 – 100 Mikrogramm Biotin.

Avidin-Störfaktor im rohen Ei

Wie bei den anderen Vitaminen gibt es auch beim Biotin Ausnahmen, wenn es um die ausreichende Versorgung geht. Wer an dem Glauben an die (nicht vorhandene) besonders gesundheitsfördernde Wirkung roher Eier festhält, kann seine Biotinversorgung genauso gefährden wie chronische Alkoholiker mit Fettleber oder Leberzirrhose, bei denen oft ein extrem niedriger Biotinspiegel im Blut beobachtet wird.

Soviel Biotin steckt in ...

Empfohlene tägliche Zufuhr für Erwachsene: 30–100 Mikrogramm (µg)

Menge	*Lebensmittel*	*Gehalt µg*	*Empfohlene Zufuhr %*
500 g	Trinkmilch (1,5; 3,5 %)	17,5	27 %
100 g	Leber, Kalb	75	115 %
100 g	Niere, Rind	55	85 %

Biotin in der Medizin

Unterversorgung durch Infusionen

Biotin-Mangelzustände werden häufig bei Patienten beobachtet, die auf Grund schwerer Krankheiten über Monate durch Infusionen ernährt werden müssen. Die Ursache dafür liegt darin, daß Biotin in vielen Infusionslösungen fehlt, obwohl dieses Vitamin als lebenswichtiger Nährstoff grundsätzlich darin enthalten sein sollte.

Niacin – sorgt für Energienachschub

Niacin besteht aus zwei Substanzen mit Vitaminwirksamkeit: Nicotinsäureamid und Nicotinsäure, die in unserem Stoffwechsel beide ineinander umgewandelt werden.

Wichtig: Niacin ist mit dem Gift aus Zigarettentabak chemisch verwandt; in seiner Wirkung hat es nichts mit der des »Übeltäters« gemein.

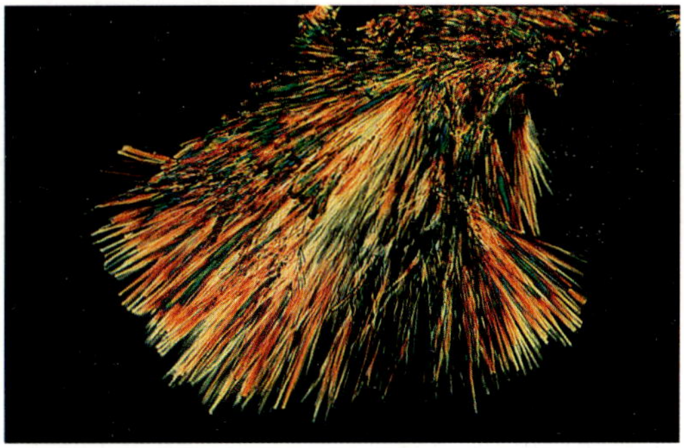

Abbildung: Niacin

Funktion: Niacin – der Wasserstoffträger
Was das Biotin für das Kohlendioxid, ist das Niacin für den Wasserstoff. Während bei vielen Auf- und Abbauprozessen im Körper Kohlendioxid abgespalten oder angelagert wird, geschieht in vielen Schritten der Energiegewinnung das gleiche mit dem Wasserstoff. In unserem Organismus wird das Niacin in seine aktiven Formen verwandelt – in *Nicotinamid-Adenin-Dinucleotid* (NAD) und *Nicotinamid-Adenin-Dinucleotid-Phosphat* (NADP). Diese beiden Stoffe wirken als wasserstoffspendende oder -aufnehmende Coenzyme bei über 200 biochemischen Stoffwechselreaktionen. Dabei spielt das Niacin bei all jenen Prozessen eine besondere Rolle, die der Energiegewinnung dienen.
Niacin hat einen Sonderstatus unter den Vitaminen, weil wir nur bedingt auf seine Zufuhr mit der Nahrung angewiesen sind. Nahrungseiweiß setzt sich aus Aminosäuren zusammen. Aus dem Abbau einer dieser Aminosäuren – dem Tryptophan – kann unser Stoffwechsel Niacin herstellen. Niacin-Mangel ist deswegen in den meisten Fällen ursächlich auf einen Mangel an Eiweiß zurückzuführen.

Mangel: Pellagra – Bedrohung für Unterernährte
Die Pellagra (»rauhe Haut«) war und ist eine Krankheit der Armen und Unterernährten in der Dritten Welt. Sie tritt auf,

wo sich die Menschen fast ausschließlich von Mais und der Hirseart Sorghum ernähren. Mais beispielsweise ist einerseits extrem arm an Tryptophan, andererseits liegt das Niacin im Mais in einer chemischen Bindung vor, die im Körper nicht verwertet werden kann. Die Krankheitssymptome der Pellagra werden mit den »drei D's« beschrieben: Dermatitis (Hautentzündung, die Haut ist bedeckt mit dunklen Flecken, verhornt, schuppt ab), Diarrhoe (Durchfälle, verbunden mit Appetitlosigkeit, Erbrechen und Entzündungen des Magens und der Zunge) und Dementia (nervliche/psychische Störungen – angefangen bei Müdigkeit, Schwindel und Kopfschmerz bis hin zu Depressionen, Verwirrtheit und unkontrollierten Muskelzuckungen). In unseren Breiten tritt ein Niacin-Mangel allenfalls als Folge von schwerem Alkoholismus auf oder als Folge von Verdauungsstörungen, die die Aufnahme des Niacin in den Körper verhindern.

Symptome eines Mangels

Wichtig: Wird Mais geröstet oder in Kalkwasser eingelegt, löst sich das Niacin aus seiner chemischen Bindung und kann vom Organismus aufgenommen und verarbeitet werden. Bei einigen Indianerstämmen in Mittelamerika gehört das Wissen um diese Möglichkeiten zur Verhinderung des Niacin-Mangels zum Erfahrungsschatz, der seit alters her von Generation zu Generation überliefert wird.

Vorkommen und Verfügbarkeit: Niacin – weit verbreitet und robust

Auch was das Vorkommen betrifft, ähnelt Niacin dem Biotin: Niacin ist in pflanzlichen und tierischen Lebensmitteln weit verbreitet, kommt allerdings in den meisten Lebensmitteln nur in sehr geringen Mengen vor. Besonders gute Niacin-Quellen sind Leber, Hefe, Herz, Nieren und Muskelfleisch. Auch Kaffeebohnen haben einen hohen Niacin-Gehalt, der sich beim Rösten noch erhöht.

Sogar in Kaffee vorhanden

Da im Grunde auch die tryptophanreichen Lebensmittel zu den wichtigen Niacin-Lieferanten zählen, gibt man den Niacin-Gehalt eines Lebensmittels in der Regel in Niacin-Äquivalenten an – er beinhaltet die Niacin-Menge, die aus dem Tryptophan-Gehalt des jeweiligen Lebensmittels umgewan-

Niacin aus Tryptophan

delt werden kann. Milch und Eier beispielsweise enthalten fast kein Niacin, dafür haben sie einen hohen Tryptophan-Gehalt – und sind dadurch wichtige Niacin-Lieferanten.
Niacin ist weder licht- noch temperaturempfindlich. Die größten Verluste entstehen durch Auslaugen – etwa beim Kochen von Gemüse in viel Wasser, wodurch 15–25 Prozent des ursprünglich vorhandenen Niacin im Kochwasser landen.

Bedarf: Durch die Alltagskost gedeckt

In unseren Breiten ist ein ernährungsbedingter Niacin-Mangel kein Thema, da mit der üblichen Mischkost die Höhe der empfehlenswerten Zufuhrmenge an Niacin erreicht wird – ganz abgesehen davon, daß wir uns eiweißreich ernähren wie nie zuvor und damit einen guten Teil des Niacin-Bedarfs aus dem Tryptophan in der Alltagskost decken können.
Der Niacin-Bedarf wird von der Deutschen Gesellschaft für Ernährung mit 18 Milligramm Niacin-Äquivalent täglich für Männer und 15 Milligramm Niacin-Äquivalent täglich für Frauen angegeben.
Einen erhöhten Bedarf haben Schwangere (17 Milligramm), Stillende (20 Milligramm) und Jugendliche zwischen 15 und 19 Jahren (20 Milligramm bei den Männern, 16 Milligramm bei den Frauen). Wie eine Reihe von aktuellen Untersuchungen zeigt, kann die breite Deckung des Niacin-Bedarfs bei uns als gesichert gelten.

Mit der Energie steigt der Niacin-Bedarf

Weil Niacin bei der Bereitstellung von Energie eine Rolle spielt, ist der Bedarf auch immer dann erhöht, wenn überdurchschnittlich viel Energie gebraucht wird – etwa beim Leistungssport oder bei Schwerarbeit. Auch bei Übergewichtigen ist der Bedarf erhöht, und er steigt ebenfalls bei fiebrigen Infekten, Verdauungsstörungen sowie in Phasen körperlichen Wachstums.
Eine Reihe von Medikamenten behindern die Niacin-Verwertung und können, über lange Zeit eingenommen oder auch bei chronischem Medikamenten-Mißbrauch zu einem Mangel führen – eine Gefahr, die beispielsweise besonders bei Einnahme von bestimmten Schmerzmitteln besteht, sowie von Psychopharmaka, die *Diazepam* enthalten.

Soviel Niacin steckt in ...

Empfohlene tägliche Zufuhr für Erwachsene: 15–18 Milligramm (mg)

Menge	*Lebensmittel*	*Gehalt mg*	*Empfohlene Zufuhr %*
150 g	Makrele	11,55	70 %
150 g	Huhn, Brust	15,75	95 %
150 g	Kalb, Schnitzel	11,25	68 %
150 g	Schinken	5,25	32 %
200 g	Erbsen, grün, roh	5,8	35 %
150 g	Champignons	7,05	43 %

Niacin in der Medizin

Vielfältige Einsatzmöglichkeiten

Niacin ist wichtiger Bestandteil vieler Medikamente, da es bei einer Reihe von Krankheiten positive Effekte zeigt:

- bei verschiedenen schweren Durchfallerkrankungen und Verdauungsstörungen, zum Beispiel der Sprue,
- in der Therapie der Schizophrenie wegen seiner positiven Wirkungen auf das Nervensystem,
- bei Kreislaufstörungen, Bluthochdruck, Asthma, verschiedenen Formen der Anämie, Arthritis und Hauterkrankungen als unterstützender Wirkstoff in hohen Dosen (mindestens 3 Gramm Niacin),
- bei der Behandlung eines erhöhten Cholesterinspiegels und der schädlichen LDL-Blutfettkomponente. Hohe Niacin-Gaben senken den Cholesterinspiegel um bis zu 30 Prozent!

Unangenehme Nebenwirkungen

Wer seinem Kreislauf nun Gutes tun und seinen erhöhten Blutfettspiegel senken möchte, sollte sich jedoch vor unkontrollierter Einnahme von Präparaten mit hohem Niacingehalt hüten. Selbst geringe Mengen von Niacin führen bei vielen Patienten zu Nebenwirkungen, die zwar nicht bedrohlich, aber sehr unangenehm sind. Fast die Hälfte aller Patienten, denen Niacin-Präparate verordnet werden, brechen aus diesem Grund die Therapie wieder ab. Die Nebenwirkungen reichen von Gefäßerweiterungen mit starker Rötung der Haut und starkem Juckreiz sowie Hitzewallungen bis zu Magenschleimhautentzündungen, Leberfunktionsstörungen und Blutdruckabfall.

Pantothensäure – für Haut und Haare

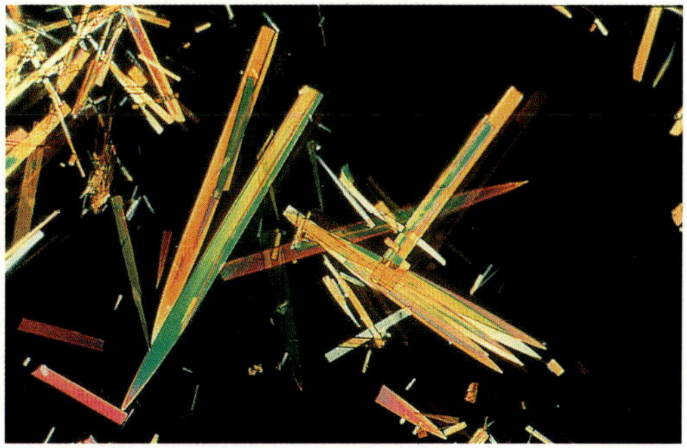

Abbildung: Pantothensäure

»Anti-graue-Haare-Faktor«, »Hühner-Dermatitis-Faktor«, »Schutzfaktor X« – das sind nur einige Begriffe, die in der Vergangenheit für die Pantothensäure benutzt wurden. Sie stammen aus der Entdeckungsgeschichte dieses Vitamins.
Mangelerscheinungen wurden zunächst bei Tieren entdeckt – unter anderem bei Hühnern, die infolge von Pantothensäure-Mangel eine Hautentzündung entwickeln, und bei Ratten, die graue Haare bekommen, wenn das Vitamin in der Nahrung fehlt.
Erst 1940 konnte der amerikanische Wissenschaftler Harris die chemische Struktur der Pantothensäure analysieren.

Funktion: Ohne Pantothensäure läuft nichts

Coenzym A – so heißt eine Substanz, die im Stoffwechsel bei vielen chemischen Reaktionen des Eiweiß-, Fett- und Kohlenhydratstoffwechsels eine Art Ampelfunktion erfüllt: Coenzym A vermittelt diese Reaktionen, sie laufen nur in seiner Gegenwart ab.
In fünf chemischen Umbauschritten entsteht das Coenzym A aus der Pantothensäure – dazu wird unter anderem Vitamin B6 benötigt, ein Beispiel dafür, daß die Wirkung verschiedener Vitamine an vielen Stellen ineinandergreift. Auch Coenzym A erfüllt im wesentlichen »Spediteursfunktionen« und zwar als Überträger der Essigsäure. Die Verbindung aus Essigsäure und Coenzym A wird auch als »Drehpunkt des Stoffwechsels« bezeichnet, da sie einen Endpunkt des Kohlenhydrat-, Fett- und Eiweißstoffwechsels darstellt.

Mangel hat Seltenheitswert

Eine typische Mangelkrankheit wie bei vielen anderen Vitaminen ist bei Pantothensäure unbekannt.

In Experimenten nahmen freiwillige Versuchspersonen eine Substanz zu sich, die Pantothensäure aus der Nahrung zerstört. Als Folge dieses künstlich erzeugten Mangels traten Müdigkeit, Schlaf- und Gleichgewichtsstörungen, Übelkeit und Erbrechen, Zittern der Hände und Muskelkrämpfe auf.

Symptome eines Mangels

Im Experiment mit Tieren führte der Pantothensäure-Mangel unter anderem zu Wachstumsstörungen, Gewichtsverlust, Schäden an Fell und Gefieder, Störungen des Nervensystems mit Lähmungen, zu anhaltenden Durchfällen und zur Hemmung der Antikörperbildung.

Vorkommen und Verfügbarkeit: Pantothen ist überall

Pantothensäure (*pantothen* (altgr.) = überall) kommt in fast allen Lebensmitteln vor. Besonders reich an Pantothen sind Innereien, manche Fleischsorten und verschiedene Getreidearten.

Da Pantothensäure wasserlöslich und hitzeempfindlich ist, muß mit Zubereitungsverlusten gerechnet werden, die bis zu 30 Prozent betragen können. Durch die hohe Zufuhr mit der Durchschnittkost sind diese Zubereitungsverluste beim Pantothen jedoch relativ leicht zu verschmerzen.

Allgemein gute Versorgung

Bedarf und gefährdete Gruppen

Weil ein ernährungsbedingter Mangel eigentlich nie auftritt, beruhen auch die Bedarfsangaben weitgehend auf Schätzungen.

Die Deutsche Gesellschaft für Ernährung empfiehlt die tägliche Aufnahme von 6 Milligramm. Man geht davon aus, daß mit dieser Menge für Erwachsene aller Altersstufen und für Jugendliche ab 13 Jahren die Versorgung gesichert ist, wobei es Untersuchungen gibt, nach denen sogar bei einer täglichen Zufuhr von nur 1 Milligramm Pantothen keine Mangelerscheinungen auftreten.

Streß erhöht den Bedarf

Streß erhöht den Pantothen-Bedarf, weil das Vitamin an der Bildung der Streß-Hormone in der Nebenniere beteiligt ist. Nach Ansicht der DGE reichen die empfohlenen 6 Milligramm pro Tag jedoch sogar in extremen Streßsituationen aus.

Soviel Pantothensäure steckt in ...

Empfohlene tägliche Zufuhr für Erwachsene: 6 Milligramm (mg)

Menge	*Lebensmittel*	*Gehalt mg*	*Empfohlene Zufuhr %*
150 g	Ostsee-Hering	1,2	20 %
100 g	Leber, Kalb	7,9	132 %
200 g	Spargel, roh	1,24	21 %
200 g	Broccoli, roh	2,02	34 %
150 g	Wassermelone	2,4	40 %
150 g	Champignons	3,15	53 %

Pantothen in der Medizin

Pantothen ist Bestandteil einer ganzen Reihe von Salben, zum Beispiel Augen- und Nasensalben sowie Salben zur Wundheilung, denn es wird von Haut und Schleimhäuten gut aufgenommen und gelangt offensichtlich in tiefere Hautschichten, wo es pharmakologische Wirkung entfalten kann.

Fördert die Wundheilung

Auch bei innerlicher Anwendung scheint das Pantothen positive Wirkung auf die Wundheilung zu haben. So zeigen Studien, daß das Vitamin – in hohen Dosen verabreicht – die Wundheilung nach Operationen beschleunigt und gleichzeitig hilft, zu starke, wulstige Narben zu verhindern.

Darüber hinaus wird Pantothensäure auch zur Behandlung psychischer Störungen, bei Nervenleiden als Folge der Zuckerkrankheit und zur Anregung der Darmtätigkeit nach Operationen eingesetzt – allerdings ist seine Wirksamkeit in diesen Einsatzbereichen bisher noch nicht eindeutig bewiesen.

Folsäure – Schlüsselfunktion bei der Zellteilung

Abbildung: Folsäure

Die Folsäure führte lange Zeit ein Mauerblümchendasein. In den letzten Jahren rückt die forschende Wissenschaft das Vitamin mehr und mehr ins Rampenlicht: Zum einen weist die Dekkung des Folsäure-Bedarfs in vielen Bevölkerungsgruppen bedenkliche Lücken auf. Zum anderen wird die große Bedeutung des Vitamins für eine komplikationslose Schwangerschaft und gesunde Babys immer deutlicher.

Funktion: für Zellwachstum und Blutbildung unentbehrlich

Überall dort, wo sich im Körper Zellen teilen und vermehren, wird die Folsäure gebraucht. Wachstum und Reifung der roten Blutkörperchen – ein lebenslanger Prozess – können nur reibungslos funktionieren, wenn genügend Folsäure vorhanden ist. Dabei ist die Folsäure aktiver Partner des Vitamin B12, das für die Blutbildung genauso unentbehrlich ist (→ Seite 62).
Die Folsäure greift in erster Linie in den Eiweißstoffwechsel ein, und ihre besondere Bedeutung beruht auch auf dem Einfluß auf die Bildung von *Desoxyribonucleinsäure* (DNS) und *Ribonucleinsäure* (RNS), den Trägern beziehungsweise Überträgern unseres Erbgutes. Ihre Bildung ist ohne Folsäure nicht möglich.

Mangel: Schäden am wachsenden Leben

Im Knochenmark, der Produktionsstätte für Blutzellen, werden permanent und in großem Umfang neue Zellen gebildet. Entsprechend hoch ist sein Folsäure-Verbrauch, und ein Folsäure-Mangel macht sich hier zuerst bemerkbar.

Erstes Mangelsymptom: Blutarmut

Die Anzeichen eines Mangels sind jenen eines Vitamin-B12-Defizits ähnlich: Eine Anämie entsteht, mit »aufgeblasenen«, übergroßen Blutzellen (Megaloblasten). Auch die Schleimhäute leiden schnell, was sich an Zellveränderungen in Lunge, Bronchien, Blase und Gebärmutter bemerkbar macht. Bei starkem Folsäure-Mangel kann Unfruchtbarkeit bei beiden Geschlechtern die Folge sein. Da der Folsäure-Mangel sehr verbreitet ist, sollten ungewollt kinderlose Paare immer auch ihren Folsäure-Spiegel im Blut überprüfen lassen.

Schwangere brauchen mehr

Wichtig: Auf eine bestehende Schwangerschaft und das ungeborene Leben kann ein Folsäure-Mangel schlimme Auswirkungen haben. Fehlgeburten und bestimmte Mißbildungen (zum Beispiel der offene Rücken) stehen in direktem Zusammenhang mit einem Folsäure-Mangel. Weitere Schädigungen des Embryos und Frühgeburten sind ebenfalls häufig Folgen eines starken Folsäure-Mangels.

Vorkommen und Verfügbarkeit: Folsäure – ein »Sensibelchen«

Hoher Gehalt in Blattsalat und -gemüse

Folsäure – der Name ist abgeleitet von folium (lat.) = das Blatt. Tatsächlich haben viele Blattsalate und Blattgemüse besonders hohe Folsäure-Gehalte: neben dem Spinat zum Beispiel Endivien, Wirsing und Kopfsalat. Rote Bete und Blumenkohl sowie Vollkornprodukte gehören ebenfalls zu den guten Folsäure-Lieferanten, aber auch in tierischen Lebensmitteln kommt das Vitamin vor. Abgesehen von Leber und Niere, die zu den folsäurereichsten Lebensmitteln überhaupt gehören, ist der Folsäure-Gehalt im Fleisch relativ gering.
In unserer Nahrung liegt die Folsäure nur zu etwa 25 Prozent in freier Form vor – dieser Anteil wird aus dem Darm aufgenommen. Der größere Teil der Folsäure ist gebundenes Folat, das nur etwa zur Hälfte genutzt werden kann.
Wie bei einigen anderen Vitaminen sind auch bei der Folsäure die verschiedenen vitaminwirksamen Verbindungen der Grund dafür, daß ihr Gehalt in Lebensmitteln und die Bedarfsempfehlungen in Folsäure-Äquivalenten angegeben werden, in die die unterschiedliche Verwertbarkeit der verschiedenen Bindungsformen bereits einbezogen ist.

Empfindlich wie eine Mimose

Folsäure ist in der Küche eine echte Mimose. Sie ist wasserlöslich, lichtempfindlich und äußerst hitzeempfindlich. Wenn Blattsalat zu lange gewässert wird, Gemüse in zu viel Wasser gegart oder Fleisch beziehungsweise Leber scharf gebraten wird, muß mit erheblichen Folsäure-Verlusten gerechnet werden. Selbst schonende Garverfahren wie Dünsten mit wenig Wasser, Zubereiten in Tontopf oder Mikrowelle retten die Folsäure nicht.

Bedarf und Risikogruppen: Schwangere sind besonders gefährdet

Folsäure ist ein kritisches Vitamin. Verschiedene Untersuchungen zeigen, daß die Bedarfsdeckung – laut Empfehlungen der Deutschen Gesellschaft für Ernährung – bei einem Großteil der Bevölkerung nicht gesichert ist. Mit einer fleisch- und fettreichen Alltagskost lassen sich die empfohlenen 300 Mikrogramm Folsäure täglich (entspricht 150 Mikrogramm Folsäure-Äquivalenten) nur schwer erreichen.
Besonders gefährderte Risikogruppen sind:

- Schwangere; ihr Folsäure-Bedarf liegt 100 Prozent über dem Normalbedarf – während der Energiebedarf nur um etwa 20 Prozent erhöht ist –, weil das Wachstum des Embryos enorme Mengen des Vitamins verschlingt. Besonders gefährdet sind Frauen, bei denen eine Mehrlingsschwangerschaft vorliegt. Den zusätzlichen Folsäure-Bedarf in dieser Zeit ausschließlich über die Ernährung zu decken, ist fast unmöglich und eine Ergänzung des Mehrbedarfs durch Folsäure-Präparate deswegen durchaus ratsam.
- Stillende; ihr Folsäure-Bedarf liegt immerhin noch um 50 Prozent über dem Normalbedarf. Der Säugling braucht große Mengen des Vitamins für sein Wachstum und deckt seinen gesamten Bedarf über die Muttermilch. Bei Frühgeburten sind die Folat-Reserven besonders gering – was gleichzeitig bedeutet, daß die stillende Mutter eine besonders gute Folsäure-Versorgung haben sollte, um den Mangel des Säuglings ausgleichen zu können.

Wachstum braucht Folsäure

- Kinder; sie brauchen vor allem während der Wachstumsphasen ausreichend Folsäure, damit Zellvermehrung und optimales Zellwachstum gesichert sind. Untersuchungen haben ergeben, daß die Folsäure-Versorgung bei vielen Jugendlichen während der Pubertät auf Grund des Wachstumsschubs besonders schlecht ist.

• Alkoholkranke; wenn sie einen extrem niedrigen Folsäure-Spiegel haben, liegt das in erster Linie an ihrer Ernährungsweise. Alkoholiker nehmen den größten Teil der Kalorien in flüssiger Form, als »leere« Kalorien zu sich. Darüber hinaus scheint der Alkohol die Verwertung der Folsäure auch auf biochemischer Ebene zu stören.

Gute Versorgung mit Vollwertkost

Wer seinen Folsäure-Bedarf über die Alltagskost decken will, der fährt gut mit einer möglichst vollwertigen Ernährung. Rohkost, Obst, beispielsweise die folsäurereichen Apfelsinen und Bananen, und Vollkornprodukte sichern noch am ehesten die Deckung des täglichen Folsäurebedarfs.

Soviel Folsäure steckt in ...

Empfohlene tägliche Zufuhr für Erwachsene: 225 Mikrogramm (μg)

Menge	*Lebensmittel*	*Gehalt μg*	*Empfohlene Zufuhr %*
150 g	Leber, Rind	360	160 %
200 g	Wirsingkohl, roh	180	80 %
150 g	Rosenkohl, Spinat, roh	117	52 %
150 g	Rote Rüben, roh	140	63 %
100 g	Bohnen	130	58 %
100 g	Kichererbsen	200	89 %
20 g	Weizenkeime	104	46 %
200 g	Weizenvollkornbrot	120	53 %

Folsäure in der Medizin.

Vorbeugen eines Mangels

Die Folsäure wird in medikamentöser Form fast ausschließlich eingesetzt, um den Folgen eines Folsäure-Mangels vorzubeugen – bei Schwangeren und Stillenden und bei folsäurebedingter Anämie –, oder um einen Folsäure-Mangel durch Fehlernährung zu bekämpfen – bei Alkoholismus, Verdauungskrankheiten sowie bei Patienten, deren Folsäure-Versorgung durch Arzneimittel-Wechselwirkungen gefährdet ist.

Wichtig: Eine ganze Reihe von Medikamenten, zum Beispiel krampflösende Präparate und die Anti-Baby-Pille stören die Verwertbarkeit der Folsäure.

Vitamin C – stärkt das Immunsystem

Die älteste Beschreibung der Vitamin-C-Mangelkrankheit Skorbut findet sich in einem Papyrus aus dem 2. Jahrtausend v. Chr. Der Skorbut war der Schrecken zahlloser Seefahrer, Entdeckungsreisender und Krieger – auf Kreuz- und Kriegszügen und auf endlosen Meeresüberquerungen gab es meist nur äußerst karge, einseitige Kost, wodurch die Menschen krank wurden und elend starben. Im 17. Jahrhundert fand man heraus, daß sich die Krankheit mit Obst und frischem Gemüse verhindern läßt. Aber es vergingen nochmals dreihundert Jahre, bis in den dreißiger Jahren unseres Jahrhunderts die genaue chemische Bestimmung und Analyse des Vitamin C gelang.

Abbildung: Vitamin C

Funktion: Vitamin C mobilisiert die Abwehr

Chemisch gesehen wirkt die Ascorbinsäure – so bezeichnen die Chemiker das Vitamin C – als Oxidationsmittel. Damit gehört es in die Reihe der »Spediteure« unter den Vitaminen: Vitamin C wirkt als Sauerstoff- und Wasserstofftransporteur. Auf seiner Fähigkeit, freien Sauerstoff an sich zu binden, beruht schließlich auch die Wirkung des Vitamin C als Fänger freier Radikale (→ Seite 24).

Diese Eigenschaft, der in den letzten Jahren verstärkt das wissenschaftliche Interesse gilt, ist die Basis für die Rolle der Ascorbinsäure als Schutz vor Krebs, Arteriosklerose und Herzinfarkt. Daneben hat Vitamin C noch eine ganze Reihe »alltäglicher« Aufgaben in unserem Organismus:

- Aufbau und Regeneration unseres Bindegewebes. In der Praxis wird dies zum Beispiel an der Wundheilung und Narbenbildung deutlich – ohne Vitamin C heilt und vernarbt keine Wunde.

Fördert den Eisenstoffwechsel

• Aufnahme und Verwertung des wichtigen Spurenelementes Eisen in unserem Körper. Vitamin C verbessert die Aufnahme von Eisen aus dem Darm und hilft, die Eisenspeicher in Leber, Milz und Knochenmark kontinuierlich zu füllen.
• Vitamin C stimuliert die Abwehraktivitäten der weißen Blutkörperchen in unserem Immunsystem und fördert die Bildung von Antikörpern.

Schützt vor Streßfolgen

• Bei der Streßbewältigung spielt Vitamin C eine wichtige, allerdings noch nicht genau geklärte Rolle. Zum Schutz vor Streß schüttet unsere Nebennierenrinde in Belastungssituationen Hormone aus, die *Corticosteroide*. Gleichzeitig entleert sich der Vitamin-C-Vorrat der Nebennierenrinde rapide. Das macht verständlich, warum der Vitamin-C-Spiegel bei Menschen, die unter Dauerstreß stehen, häufig stark erniedrigt ist. Die Beteiligung an der Produktion dieser körpereigenen Cortisone ist vermutlich auch die Grundlage für eine andere gute Eigenschaft des Vitamin C – die Verbesserung des Schutzes vor Infektionen.
• Unterstützende Hilfe bei Entgiftungsprozessen in der Leber, beispielsweise nach Einnahme von Arzneimitteln.

Hemmt die Bildung von Nitrosaminen

• Ascorbinsäure hemmt die Bildung der krebserregenden Nitrosamine im Magen, die aus Nitrat in Lebensmitteln stammen. Die Magenschleimhaut schüttet offensichtlich zu diesem Zweck nach jeder Mahlzeit Vitamin C aus.
Einige Untersuchungen deuten darauf hin, daß Vitamin C auch den Cholesterinspiegel senkt. Letzte Klarheit besteht hierbei jedoch genausowenig wie bei einer ganzen Reihe weiterer positiver Effekte, die Ascorbinsäure allem Anschein nach auf das Immunsystem hat.

Mangel: Mit Zahnfleischbluten fängt es an

Die klassische Mangelkrankheit bei Fehlen von Vitamin C, der Skorbut, zeigt sich zunächst in harmlos erscheinenden Frühsymptomen wie Müdigkeit, Reizbarkeit, erhöhtes Schlafbedürfnis, Gelenk- und Gliederschmerzen sowie verminderte körperliche Leistungsfähigkeit.

Symptome eines Mangels

Blutungen an Haut und Schleimhäuten und Zahnfleischbluten sind typische und erste konkrete Zeichen eines drohenden Skorbut. Mit fortschreitender Krankheitsentwicklung folgen Knochen- und

Gelenkveränderungen, bereits verheilte Wunden brechen wieder auf, die Zähne fallen aus und die Infektanfälligkeit ist stark erhöht. Skorbutkranke starben früher oft an ganz banalen Infekten, denen der Körper keine Abwehrkraft mehr entgegensetzen konnte.

Vorkommen und Verfügbarkeit: vor allem in Obst und Gemüse

Früchte, frische Gemüse und daraus frisch gepreßte Säfte sind unsere wichtigsten Vitamin-C-Lieferanten, Südfrüchte und Beerenfrüchte zeichnen sich durch einen besonders hohen Vitamin-C-Gehalt aus. Spitzenreiter ist die schwarze Johannisbeere; 100 Gramm der leckeren Früchte liefern das Zweieinhalbfache der empfohlenen täglichen Zufuhr. Die gleiche Menge frischer Apfelsine liefert dagegen »nur« knapp 70 Prozent der empfohlenen Tagesdosis. Weitere wichtige Vitamin-C-Quellen sind Kiwi, Erdbeeren, Himbeeren und rote Johannisbeeren, sowie Exoten wie Mango und Papaya.

Spitzenreiter schwarze Johannisbeere

Beim Gemüse steckt in Paprika, Broccoli, Rosenkohl und Blumenkohl besonders viel Vitamin C. Aber auch Kartoffeln, Porree oder Tomaten können sich als Vitamin-C-Lieferanten sehen lassen. Unter den tierischen Lebensmitteln weisen allein Lunge und Leber einen beachtenswerten Vitamin-C-Gehalt auf.

Wieviel Vitamin C unser Körper aufnimmt, hängt von der zugeführten Dosis ab: Je größer die aufgenommene Vitaminmenge ist, desto weniger wird – prozentual gesehen – aus dem Darm aufgenommen; das bedeutet, daß überschüssige Mengen sofort über die Nieren ausgeschieden werden. Im übrigen gibt es auch beim Vitamin C einige Faktoren, die die Verfügbarkeit einschränken: Die Anti-Baby-Pille und andere Medikamente, wie zum Beispiel Sulfonamide, können die Vitamin-C-Verwertung erheblich behindern.

Ein Zuviel wird ausgeschieden

Bedarf und Risikogruppen: Die optimale Menge ist umstritten

Bereits mit einer Tagesdosis von 10 Milligramm Vitamin C läßt sich ein Skorbut vermeiden. Von einer optimalen Versorgung kann dabei jedoch nicht die Rede sein.

Empfehlungen mit Sicherheitszuschlag

Die Empfehlung der Deutschen Gesellschaft für Ernährung lautet: Jeweils inklusive eines ordentlichen Sicherheitszuschlags benötigen Jugendliche und Erwachsene täglich 75 Milligramm, Schwangere und Stillende täglich 100 beziehungsweise 125 Milligramm Vitamin C.
Auch Vitamin C kann – wie alle anderen wasserlöslichen Vitamine – nur in geringen Mengen gespeichert werden. Bei vollen Speichern in Leber, Nebenniere, Gehirn und Lunge beträgt unser gesamter Körpervorrat 3 Gramm Vitamin C. Um die Speicher ständig randvoll zu haben, müßten täglich etwa 200 Milligramm aufgenommen werden. Ob solche randvollen Speicher allerdings nötig sind, damit das Vitamin seinen optimalen Einsatz bringt, ist heute noch nicht erwiesen. Betrachtet man allerdings die vermutlichen Effekte des Vitamins – Schutz vor Krebs, Arteriosklerose und Herzinfarkt, Stimulierung des Immunsystems, Schutz vor Infektionen – dann scheint ein tägliches Mehr von 100 bis 150 Milligramm Vitamin C ein geringer Preis für so viel Leistung zu sein. Schließlich ist es beim Vitamin-C-Reichtum der vielen ganzjährig auf unseren Märkten erhältlichen Früchte nicht einmal schwierig, auch diese Menge mit der Ernährung abzudecken.

Risikogruppen

Um eine besonders gute Vitamin-C-Versorgung müssen sich einige grundsätzlich gefährdete Gruppen bemühen: Raucher, Menschen im Dauerstreß, Schwangere und Stillende, alte und kränkelnde Menschen brauchen mehr (→ Die Risikogruppen, Seite 87; Vitaminräuber, Seite 92), ebenso Leistungssportler und Menschen, die starken körperlichen Belastungen ausgesetzt sind.

Vitamin C als Medizin

Vorbeugevitamin

Empfehlungen, hochdosiertes Vitamin C bei Erkältungskrankheiten und Grippe auch nach Ausbruch der Infektion aufzunehmen, sind häufig zu lesen. Die Wirksamkeit zu diesem Zeitpunkt ist allerdings umstritten. Auch bei Krebserkrankungen versucht man sogenannte »Vitamin-C-Interventionsbehandlungen«. Seriöse Wissenschaftler sind sich jedoch einig, daß die Behandlung einer Krebserkrankung mit Vitamin C aussichtslos ist. Wichtig ist aber in jedem Fall, die

Stärkung des Immunsystems

bestmögliche Vitamin-C-Versorgung zu schaffen. Sie ist Basis und lebenswichtige Hilfe für ein gut funktionierendes Immunsystem bei seiner Aufgabe, Krankheiten abzuwehren und zu bekämpfen.

Soviel Vitamin C steckt in ...

Empfohlene tägliche Zufuhr für Erwachsene: 75 Milligramm (mg)

Menge	*Lebensmittel*	*Gehalt mg*	*Empfohlene Zufuhr %*
200 g	Kartoffeln, roh	44	59 %
200 g	Spargel, roh	56	75 %
150 g	Weißkohl, roh	70,5	94 %
100 g	Rosenkohl, roh	102	136 %
100 g	Broccoli, roh	110	147 %
50 g	Paprika, roh	70	93 %
100 g	Grapefruit, roh	41	55 %
100 g	Erdbeeren, roh	62	83 %
50 g	Kiwi, roh	75	100%
20 g	Johannisbeeren, schw.	57	76 %

Pseudovitamine: Von Vitaminen, die keine sind

Substanzen mit vitaminähnlichem Charakter

Es gibt über die 13 beschriebenen Vitamine hinaus eine ganze Reihe von Substanzen, die einen vitaminähnlichen Charakter haben: die Pseudovitamine. In der Regel wirken sie ähnlich wie echte Vitamine, können im Gegensatz zu diesen allerdings meist vom Körper selbst hergestellt werden; typische Mangelerscheinungen sind nicht nachzuweisen. Clevere Geschäftsleute versuchen nun immer wieder, bestimmte Stoffe als Vitamine auszugeben, um mit dem gesunden Image der Vitamine noch gesündere Geschäfte zu machen.

Coenzym Q10

Vitamin Q10 ist ein Paradebeispiel für die Beförderung eines Stoffes, den unser Körper problemlos selbst herstellen kann, zum »Vitamin für Spitzenleistungen« und zum »Herzwunder«, wobei es sich bei Q10 nicht einmal um ein Pseudovitamin handelt. Laut Werbung und einigen Zeitschriftenberichten soll das Coenzym Q10 Herz und Immunsystem stärken, Bluthochdruck senken und lebensverlängernd wirken. Die Deutsche Gesellschaft für Ernährung kommentiert: »Derartige Behauptungen sind voreilig und nach dem derzeitigen Stand der Wissenschaft nicht haltbar. Bei der Empfehlung, daß Coenzym Q10 als Nahrungsergänzung zusätzlich aufgenommen werden müsse und damit Vitamincharakter habe, handelt es sich um Werbesprüche ohne schlüssigen Beweis. Hier haben Marketingexperten einen Stoff zum Vitamin befördert«. Tatsächlich kommt Coenzym Q10, auch Ubichinon genannt, in jeder menschlichen Zelle vor und wird dort als lebensnotwendige Substanz für die Energiebereitstellung gebraucht. Positive Auswirkungen auf Herz und Kreislauf zum Beispiel sind durchaus bekannt – allerdings kann unser Körper das Ubichinon in ausreichender Menge selbst herstellen.

Ester C
Super C

Ester C oder Super C – unter diesem Markenzeichen beziehungsweise diesem Handelsnamen wird ein »neues Vitamin« angepriesen und eine damit verbundene »Revolution in der Vitamin-Medizin« angekündigt. Beim Ester C handelt es sich nun nicht einmal um eine Substanz, die chemisch gesehen zu den Pseudovitaminen gezählt wird, sondern um ein neues Präparat eines amerikanischen Pillenherstellers, in dem Vitamin C mit Hilfsstoffen vermischt wird, die seine Ausnutzung in unserem Körper verbessern sollen. Wenn die Werbung für dieses Produkt behauptet, es handle sich dabei um die wirksamste aller bekannten Substanzen gegen Viren, die auch all jene Mechanismen blockiere, die zu Krebs, Herzkrankheiten und Arthritis führen, so dürfte das die Grenzen der Seriosität weit überschreiten.

Vitamin F

Auch »Vitamin F« führt den Titel Vitamin zu unrecht. Noch immer werden die ungesättigten Fettsäuren, vor allem die Linolsäure, in den verschiedensten Veröffentlichungen fälschlicherweise als Vitamin F bezeichnet. Die essentiellen Fettsäuren müssen zwar mit der Nahrung von außen zugeführt werden – das haben sie mit den Vitaminen gemeinsam. Im Körper fungieren sie jedoch nicht als Wirkstoff, sondern als Baustoff, zum Beispiel als elementarer Bestandteil der Zellmembran, und gehören aus diesem Grund nicht zu den Vitaminen. Wenn sie trotzdem immer wieder als solche betitelt werden, so dürfte auch hier in den meisten Fällen die

Absicht dahinter stehen, mit dem positiv besetzten Begriff der Vitamine zu werben.

Zur Stoffklasse der Pseudovitamine gehören eine ganze Reihe weiterer Stoffe – im folgenden ein kurzer Überblick über die wichtigsten:

Weitere Stoffe, denen Vitaminwirkung nachgesagt wird

Cholin kann in der Leber hergestellt werden, kommt in geringen Mengen auch im Getreide, Fleisch und Gemüse vor. Es wird unter anderem benötigt zur Herstellung des Acetylcholins im Nervengewebe und ist damit wichtiger Faktor für eine funktionierende Erregungsleitung.

Bioflavonoide sind Pflanzeninhaltsstoffe, denen immer wieder Vitaminwirkung nachgesagt wurde, obwohl Mangelerscheinungen nie nachgewiesen werden konnten. Bekanntester Stoff unter den Bioflavonoiden ist wohl das Rutin, das in Pillenform angeboten wird und vor allem bei Blutungsneigung, Venenproblemen und Krampfadern helfen soll.

Orotsäure wird gelegentlich als Medikament empfohlen, das zum Beispiel bei Gicht die Harnsäureausscheidung über die Nieren steigern soll.

Pangamsäure wird vor allem in den USA als Wundermittel für verbesserte Durchblutung und Anregung der Sauerstoffversorgung angepriesen.

Beweise allerdings fehlen für alle diese Aussagen!

Inosit gehört zu den Kohlenhydraten und löst bei einigen Tierarten im Mangel Wachstumsstörungen aus, beim Menschen soll es für die normale Magen- und Darmfunktion von Bedeutung sein und wird als Heilmittel bei Störungen des Leberstoffwechsels empfohlen. Es gibt allerdings keine Beweise, daß Inosit für den Menschen unentbehrlich ist, außerdem kann es vom Organismus selbst gebildet werden.

Laetril wird auch als Vitamin B17 bezeichnet und genießt besonders in den USA den Ruf als wirksames Krebstherapeutikum. In hoher Dosierung wirkt es stark giftig – aus Amerika sind zahlreiche Vergiftungen und mehrere Todesfälle nach Laetril-Überdosierungen bekannt!

Vorsicht also bei Stoffen, die nicht zu den 13 klassischen Vitaminen gehören und dennoch als Vitamine angepriesen werden – sie dienen meist mehr dem wirtschaftlichen Wohl der Hersteller als der Gesundheit der Verbraucher!

Sie brauchen mehr – die Risikogruppen

Fehlernährung trotz Überfluß

Vitaminmangel trotz Wohlstandsernährung? Das gibt es – denn auch der Überfluß an Lebensmitteln verhindert in vielen Fällen nicht, daß wir das Falsche essen. Fehlernährung ist wohl die häufigste Ursache für einen Vitaminmangel. Ernährungswissenschaftler haben herausgefunden, daß ganz bestimmte Personengruppen betroffen sind:

Erhöhter Bedarf in besimmten Lebensphasen

- Kinder und Jugendliche, Schwangere und Stillende sowie alte Menschen. Sie befinden sich in Lebensphasen mit besonders hohem Nährstoff- und Vitaminbedarf.
- Kranke und Genesende, Menschen, die dauerhaft Medikamente zu sich nehmen, strenge Vegetarier, Menschen, die oft Extremdiäten durchführen und sozial Schwache sind aufgrund ihrer Lebensumstände oder ihrer Lebensgewohnheiten ebenfalls von Vitaminmangel bedroht.

Wenn hier von Mangel die Rede ist, bedeutet das nicht, daß der Ausbruch einer echten Mangelkrankheit kurz bevorsteht. Vielmehr ist die »suboptimale Versorgung« gemeint. Hierbei liegt die tägliche Vitaminaufnahme unter den Empfehlungen, was in der Regel allenfalls zu sogenannten »subklinischen« Mangelerscheinungen wie Unlust, verminderte Leistungsfähigkeit und Müdigkeit führt. Doch auch der leichte Mangel darf nicht unterschätzt werden. Kommen weitere Belastungsfaktoren, beispielsweise Krankheiten hinzu, kann die Versorgungssituation schnell kritisch werden.
Die folgenden Darstellungen zeigen, wie es um die wichtigsten Risikogruppen bestellt ist.

Kinder und Jugendliche

Wenig Gesundheitsbewußtsein

Mit der Vitaminversorgung Jugendlicher steht es nicht zum Besten. Viele Untersuchungen deuten darauf hin, daß Folsäure, Vitamin B2 und Thiamin, seltener Vitamin A, in dieser Altersgruppe als kritische Nährstoffe zu betrachten sind. Mit der Vitamin-C- und Vitamin-D-Aufnahme steht es bei vielen Jugendlichen ebenfalls nicht zum Besten. Spaß sei ihnen vergönnt – aber Rauchen (höherer Verbrauch an Vitamin C, E und Folsäure), Sex (höherer Vitamin-E-, Vitamin-B6-, Folsäure- und Vitamin-C-Verbrauch bei Einnahme der Pille) und

Alkoholkonsum (hoher Verbrauch bei fast allen Vitaminen) erhöhen den Vitaminbedarf (→ auch Seite 92).

Essen als Nebensache oder Ersatzbefriedigung

Die Deutsche Gesellschaft für Ernährung meint dazu: »Leider neigen junge Leute dazu, sich weniger Gedanken über die richtige Nahrungsauswahl zu machen, als ihre Großeltern es taten. Sie nehmen weniger Salat, Gemüse, Obst und Brot zu sich als die ältere Generation und konsumieren dafür häufiger Wurstwaren, Schokolade, Süßwaren, Zucker, salzen ihr Essen zusätzlich und trinken öfter Limonade. Einige dieser schlechten Gewohnheiten spiegeln sich in den kritischen biochemischen Werten der Nährstoffbedarfsdeckung wider«.

• Eine vollwertige Ernährung mit viel Obst und Gemüse, Vollkornprodukten, Milch und Milchprodukten ist nicht nur eine gute Vitaminversorgung sondern bringt auch Fitneß und gute Laune.

Junge Frauen

Ursache: Diäten

In keiner Bevölkerungsgruppe gibt es so viele Untergewichtige wie bei den jungen Frauen im Alter zwischen 18 und 24 Jahren. Die Ursache liegt darin, daß viele Frauen dieser Altersgruppe von einem überschlanken Schönheits- und Schlankheitsideal träumen. Sie haben mit 20 Jahren oft schon mehrere Diätversuche hinter sich. Daß dies zur Fehlernährung führt und damit für die Vitaminversorgung nicht ohne Folgen bleibt, ist letztlich nicht verwunderlich. Versorgungslücken vor allem bei den Vitaminen B2 und Folsäure sind größer als bei Menschen aller anderen Lebensphasen. Mithin sind sie noch gefährdeter als alte Menschen oder Schwangere – wobei eine Schwangerschaft bei Frauen dieses Alters das Risiko zusätzlich beträchtlich erhöhen kann. Auch um die Versorgung mit den Vitaminen A, B1, E ist es bei jungen Frauen nicht gerade gut bestellt

Diäten schaden der Vitaminversorgung

• Diäten am laufenden Band haben einen »Jojo-Effekt«. Der Körper paßt sich dem Zwang zum Kaloriensparen an und nutzt die Nahrung immer besser aus. Nach solchen Diäten steigt das Gewicht umso schneller. Die einzig wahre Alternative ist eine auf der Basis der Vollwertkost kalorienre-

Kalorien-reduzierte Mischkost

duzierte Mischkost mit 1800 bis 1500 Kalorien täglich. Man nimmt langsam, gleichmäßig und ohne Heißhunger ab – die bewußte Nahrungsmittelauswahl sichert die Vitaminversorgung.

Alte Menschen

Die zurückgezogene Lebensweise vieler Senioren beeinflußt ihre Vitaminversorgung in negativer Weise. Unübersehbar ist bei alten Menschen das Defizit an den Vitaminen C, D und Folsäure, oftmals auch Vitamin B1 und Vitamin A. Psychosoziale Ursachen wie Isolation, Einsamkeit oder finanzielle Probleme wirken sich hier auf die Versorgung mit Nährstoffen aus, ebenso wie Einnahme von Medikamenten, Zahnprobleme, Magen-Darm-Beschwerden oder Alkohol.

Psychosoziale und gesundheitliche Ursachen

Besonders verbreitet ist der Vitamin-D-Mangel bei den Älteren. Osteoporose (Abnahme des Knochengewebes) und Knochen-Entkalkung sind für viele alte Menschen, vor allem für Frauen, ein großes Problem. Viele Senioren »verkriechen« sich mit zunehmender Gebrechlichkeit immer mehr. Wenn das Licht der Sonne fehlt, muß der Körper auf die Versorgung durch das in der Haut synthetisierte Vitamin D verzichten.

• Kranke Menschen, deren Leiden mit Einschränkungen für die Ernährung verbunden sind, aber auch Gesunde sollten das Angebot von Krankenkassen und Verbraucherberatungsstellen nutzen, gemeinsam mit qualifizierten Ernährungsberatern ihren persönlichen Speisenplan zu gestalten.

Schwangere und Stillende

Schwangere und Stillende haben ein Grundproblem: Bei relativ geringem Mehrbedarf an Nahrungsenergie müssen sie einen erheblich höheren Bedarf an Nährstoffen decken. Besonders schwierig kann das bei den Vitaminen B1, B6 und Folsäure werden, von denen auch viele Normalverbraucher nur knapp die empfohlene Menge aufnehmen.

Problematik Folsäure

In einer Studie an 2000 Schwangeren stellte sich heraus: Bei 15 Prozent der Frauen war die Versorgung mit den Vitaminen B1, B2 und B6 während des letzten Schwangerschaftsdrittels nicht ausreichend. Wie es um das Vitamin Folsäure bestellt war, wurde in dieser Studie nicht untersucht, doch zählt heute die Folsäure zu den Vitaminen mit besonders kritischer Versorgungslage während der Schwangerschaft.

Grundsätzlich ist der Bedarf an allen Vitaminen während der Schwangerschaft erhöht. Die Bedarfsdeckung mit den Vitaminen C, B2 (Niacin), B12 und E scheint allerdings auch im letzten Schwangerschaftsdrittel nur selten gefährdet zu sein.

Bei Müttern, die lange stillen, kann bei ungenügender Vitaminzufuhr der Versorgungspegel rapide fallen – vor allem dann, wenn die Vitaminreserven bereits während der Schwangerschaft strapaziert wurden. Dies gilt in erster Linie für die Vitamine A, B6, C und Folsäure.

• Schwangerschaft und Stillzeit sind Phasen, in denen die Ergänzung der Vitaminzufuhr durch Vitamintabletten sinnvoll ist. Der betreuende Arzt kann aufgrund einer Untersuchung des Vitamin-Status die »Problemvitamine« herausfinden und geeignete Präparate verordnen.

Säuglinge und Kleinkinder

Voll gestillte Säuglinge werden durch die Muttermilch in den ersten vier Monaten mit allen Nährstoffen ausreichend versorgt, sofern die Mutter selbst ausreichend versorgt ist. Die Ausnahme: Vitamin D. Früher ein Problem der sozial Schwachen, tritt Mangelrachitis heute auch bei Kindern aus gehobenen Bildungsschichten auf, weil manche Mütter aus weltanschaulichen oder ernährungsbedingten Gründen überhaupt keine Vitamin-D-Tabletten mehr geben.

Falsches Ernährungsverhalten der Eltern

Zu Mangelerscheinungen kann es auch kommen, wenn Eltern das eigene falsche Ernährungsverhalten schon früh auf ihre Kinder übertragen. Das trifft sowohl auf eine Fehlernährung mit zu hohem Anteil an ernährungsphysiologisch wenig wertvollen Kohlenhydraten wie Zucker und Weißmehl sowie einem unnötig hohen Gehalt an tierischem Eiweiß zu als auch auf extrem »alternative« Ernährungsformen. Eine streng makrobiotische Ernährung kann bei Kleinkindern ebenso zu starken Mangelerscheinungen führen wie extreme Formen des Vegetarismus.

• Ist die Mutter selbst gut versorgt, wird's auch dem Baby an nichts mangeln.

Sozial Schwache

Unser Ernährungszustand und damit auch unsere Vitaminversorgung sind nicht zuletzt Abbild unserer sozialen Stellung. Wer den Pfennig zweimal umdrehen muß, bevor er ihn ausgibt, spart oft am Essen und gerät unter Umständen in eine Mangelsituation. So wurde in Ernährungsstudien klar nachgewiesen, daß Besserverdienende auch besser mit Vitaminen versorgt sind.

Einkommen und sozialer Status –

Einkommen und sozialer Status entscheiden also mit über die Vitaminversorgung.

Eine repräsentative Untersuchung aus den Vereinigten Staaten zeigt, daß die Vitamin-A- und die Vitamin-C-Zufuhr der wohlhabenden Bevölkerungsschicht in den USA wesentlich über der entsprechenden Vitaminzufuhr der sozial Schwachen liegt. Die ärmeren Bevölkerungsschichten nehmen etwa 40 Prozent weniger Vitamin A und C zu sich als die Besserverdienenden. Es liegt auf der Hand, daß dies wesentlich auf die verhältnismäßig hohen Preise frischer Nahrungsmittel (Obst und Gemüse), die reich an Vitamin A und Vitamin C sind, zurückzuführen ist.

– entscheiden über den Grad der Versorgung

• Gerade in ökonomisch schwieriger Lebenslage muß auf eine gesunde Ernährung geachtet werden, weil Kraft und Energie nötig sind, um sich aus einer solchen Lage zu befreien. Die Ernährungsberatung der Verbraucherberatungsstellen hilft mit Tips und Ratschlägen, wie man sich auch mit wenig Geld vollwertig ernähren kann.

Vorsicht vor Vitaminräubern

Die Kunst, sein Leben zu verlängern, besteht ganz einfach darin, auf Gewohnheiten zu verzichten, die es verkürzen. Alltägliche Gewohnheiten wie Rauchen, übermäßiger Alkoholkonsum und permanenter Streß gefährden nicht nur unsere Gesundheit, sondern sind auch gehörige Vitaminräuber und führen zu einer teilweise erheblichen Steigerung unseres Vitaminbedarfs. Auch viele Medikamente gehören zu diesen Vitaminräubern – die Anti-Baby-Pille ist ein Paradebeispiel dafür.

Im folgenden erfahren Sie mehr über die einzelnen Faktoren und ihre zerstörerische Wirkung auf die Vitamine. Dem jeweiligen Vitaminräuber zugeordnet, finden Sie Ratschläge, wie sich das Vitamindefizit in Grenzen halten läßt.

Rauchen ruiniert die Vitamine

Vitamin C ist besonders betroffen

Raucher brauchen mehr Vitamine als Nichtraucher. Dabei gefährdet der blaue Dunst besonders die Versorgung mit Vitamin C. Bei starken Rauchern erreicht die Vitamin-C-Konzentration im Blutplasma oft nicht einmal die Hälfte des Durchschnittswertes bei Nichtrauchern. Dies macht den Körper anfälliger für Infekte, und der Entstehung von Krebserkrankungen kann Vorschub geleistet werden, weil Vitamin C vermutlich auch eine direkte entgiftende Wirkung auf bestimmte Anteile im Zigarettenrauch hat, beispielsweise auf Cyanide, Formaldehyd, Acetaldehyd, Kohlenmonoxid und Nitrosamine.

Auf den Status einiger anderer wasserlöslicher Vitamine wirkt sich das Rauchen mit größter Wahrscheinlichkeit ebenfalls negativ aus. So werden in Blut und Gewebe bei Rauchern oft erniedrigte Werte bei den Vitaminen B2, B6, B12 und Folsäure festgestellt.

Jugendliche sind doppelt gefährdet

Eine amerikanische Studie bestätigt die Befürchtung, daß jugendliche Raucher besonders stark von diesem Problem betroffen sind. So lag der Plasma-Ascorbinsäure-Spiegel bei rauchenden weiblichen Jugendlichen im Durchschnitt zwei Drittel unter den Nichtraucher-Werten. Darüber hinaus stellten die Forscher fest, daß Raucher nicht nur einen erhöhten

Vitaminbedarf haben, sondern sich zudem gleichzeitig bedeutend schlechter ernähren als nichtrauchende Menschen.

Wichtig: Je mehr Zigaretten geraucht werden, desto stärker sinkt der Vitamin-C-Spiegel. Raucher sollten deshalb möglichst pro Tag mindestens 150 Prozent, besser noch 200 Prozent (150 Milligramm) der empfohlenen Menge an Vitamin C aufnehmen.

Alkohol – Gift für die Vitaminversorgung

Erhöhten Vitaminbedarf hat auch der Alkoholkranke. Nicht genug, daß er durch die dauernde Zufuhr des Giftes Alkohol seinem Körper schadet – meistens ist auch seine Ernährung unregelmäßig und falsch. Der kalorienreiche »Stoff« (Wein: cirka 650 kcal/l, Bier: cirka 500 kcal/l) verdirbt ihm regelrecht den Appetit. Die Kalorien des Alkohols bringen indes lediglich »leere« Energie ohne andere wichtige Nahrungs-Inhaltsstoffe. So kommt es beim Alkoholiker häufig zu ausgeprägtem Vitaminmangel. Am stärksten betroffen ist meistens die Versorgung mit den Vitaminen B1, B2, Niacin, B6 und Folsäure.

»Leere Kalorien«

Durch starken Alkoholkonsum verursachter Vitaminmangel macht sich in den verschiedensten Symptomen bemerkbar: Defekte in der Erregungsleitung der Nerven als typische Anzeichen eines B1- und B6-Mangels treten ebenao auf wie Blutarmut (Anämie) bei Folsäure-Mangel. Haut sowie Magen-Darm-Trakt eines Alkoholkranken reagieren mit allen Symptomen eines Vitamin-B2- und Niacin-Mangels. Alkohol und der in vielen alkoholischen Getränken vorkommende Acetaldehyd stören vor allem den Stoffwechsel des Vitamin B6 in der Leber. Besteht bereits eine Leberzirrhose, kann bei fortgesetztem Alkoholkonsum der Vitamin-B6-Umsatz ganz zum Erliegen kommen.

Alkohol stört den Vitamin-B6-Stoffwechsel

Chronischer Alkoholkonsum ist auch eine der Hauptursachen für den verbreiteten Folsäuremangel bei den Bewohnern der Industrieländer; die verbreiteten Anämien bei Alkoholikern sind sehr häufig Folge dieses Vitaminmangels.

Wirksame Therapie: Abstinenz

Die einzig wirksame Therapie ist die Abstinenz. Bis die erreicht ist, hält oft nur ein Multivitaminpräparat die Vitaminversorgung des Kranken im Lot.

Streß zehrt an den Vorräten

Gesundheitskiller

Streß ist zu einem Begleiter des modernen Lebens geworden, dem sich kaum jemand entziehen kann. Die alltägliche Überlastung gehört zu den schlimmsten Gesundheitskillern – unter anderem strapaziert sie massiv unsere Vitaminversorgung, vor allem unseren Vitamin-C-Haushalt.
Zu den wichtigsten Streßregulatoren unseres Körpers gehört die Nebennierenrinde. Dort werden in Belastungssituationen Adrenalin und andere Hormone zur Streßregulation produziert, und dazu wird Vitamin C gebraucht. Der relativ ansehnliche Vitamin-C-Vorrat, den die Nebenniere anlegt, ist jedoch bei Dauerstreß im Nu erschöpft, und das Anti-Streß-Organ ist auf eine ununterbrochene, erhöhte Zufuhr von außen angewiesen. Menschen im Dauerstreß sind nicht selten besonders krankheitsanfällig. Die schlechte Vitamin-C-Versorgung schwächt das Immunsystem und erschwert damit die Bekämpfung von Infekten.
Man geht davon aus, daß bei starkem Streß auch der Bedarf an Vitamin E und an den B-Vitaminen erhöht ist – als Folge der Belastung, die Streß für unser Nervensystem darstellt.

Bei Dauerstreß: Vitamine C, E, B

Wer unter Dauersteß steht, sollte insbesondere für eine verstärkte Vitamin-C-Zufuhr sorgen, das heißt, viel frisches Obst und Gemüse essen. Darüber hinaus sollten auf dem täglichen Speiseplan Lebensmittel mit hohen Gehalten an Vitamin E und Vitamin B stehen (→ Vitamintabelle, Seite 28).

Die Pille – wer sie nimmt, braucht mehr

Nach wie vor gelten Ovulationshemmer als sicherste Verhütungsmittel, und entsprechend viele Frauen nehmen täglich die östrogenhaltigen Präparate ein. Die wenigsten von ihnen wissen, daß Östrogene den Vitaminstatus verschlechtern.

Die Pille verschont kein Vitamin

Wie eine australische Studie nachweist, bleibt bei der Einnahme oraler Empfängnisverhütungsmittel kein Vitamin völlig unbeeinflußt:
Die Aminosäure Tryptophan wird verstärkt abgebaut. Da dieser Vorgang abhängig ist von einer ausreichenden Vitamin-B6-Versorgung, erhöht sich der Vitamin-B6-Bedarf. Tryptophan ist übrigens auch die Vorstufe von Neurotransmittern, das sind Stoffe, die für das störungsfreie Schalten unserer Nervenzellen wichtig sind. Einer dieser Neurotransmitter – das Serotonin – hat starken Einfluß auf unsere psychische Stimmung. Fehlt er, reagieren wir mit Depressionen. Ein Vitamin-B6-Mangel und damit ein gestörter Tryptophan-Stoffwechsel kann auch Depressionen, die häufig vor der Menstruation auftreten, verstärken.

Stimmungsschwankungen

Die Folsäure, die zu den Problemvitaminen zählt, leidet unter dem Einfluß der Pille. Offensichtlich behindern Ovulationshemmer die Aufnahme der Folsäure aus dem Darm.
Der Vitamin-C-Bedarf erhöht sich, weil Östrogene ein Enzym aktivieren, das Vitamin C in eine unwirksame Form wandelt.
Die Vitamin-B12-Versorgungswerte sind bei Frauen, die die Pille nehmen, teilweise sehr erniedrigt. Auf welchem Weg die Östrogene den B12-Stoffwechsel stören, weiß man allerdings noch nicht.

Problematisch wirds bei Schwangerschaft

Zum Problem kann die Belastung des Vitaminhaushalts durch die Pille werden, wenn nach jahrelanger Einnahme eine Schwangerschaft zustande kommt. Die mangelhafte Grundversorgung ist eine große Belastung für diese Zeit mit stark erhöhtem Bedarf. Sie gefährdet nicht nur die Gesundheit der Mutter, sondern auch die des Kindes.
Frauen, die in Sachen Empfängnisverhütung keine Alternative zur Pille akzeptieren können, müssen besonders auf eine vollwertige und gesunde Ernährung achten, wobei vor allem die Deckung des Vitamin-B6- und des Folsäure-Bedarfs berücksichtigt werden muß. Neben vielen Fischsorten und grünen Gemüsen ist die Avocado ein Geheimtip: 150 Gramm dieser köstlichen Frucht decken nicht nur die Hälfte des täglichen Vitamin-B6-Bedarfs sondern auch knapp ein Viertel des Folsäure-Bedarfs, dazu bringt die Avocado einen hohen Gehalt an Vitamin E und Pantothensäure mit.

Medikamente – schädigende Wechselwirkungen

Erheblicher Mehrbedarf an Vitaminen

Bei vielen Arzneimittelgruppen muß man mit Wechselwirkungen zwischen Arzneistoffen und Vitaminen rechnen. Werden solche Medikamente über lange Zeit eingenommen, etwa bei chronischen Erkrankungen, kann sich ein erheblicher Mehrbedarf an Vitaminen ergeben. Die meisten Wirkstoffe wirken sich gleich auf mehrere Vitamine aus. Eine Antibiotika-Behandlung beispielsweise zieht fast den gesamten Vitaminhaushalt des Patienten in Mitleidenschaft. Der Erkenntnisstand der Wissenschaft ist in diesem Zusammenhang noch sehr lückenhaft. Bei längst nicht allen Wirkstoffen ist die Auswirkung auf den Vitaminhaushalt bekannt, und leider gehört die Untersuchung der Auswirkungen auf den Vitamin-Status noch nicht in das Pflichtprogramm der klinischen Arzneimittelprüfung. Welche Mittel den Vitaminhaushalt beeinflussen können, zeigt die Tabelle auf Seite 97.

Zucker – die süße Versuchung

B1-Nachschub muß gesichert sein

Zucker enthält keine Vitamine. Zu seinem Abbau allerdings werden Vitamine gebraucht. Da diese Vitamine – speziell Vitamin B1 – nicht gespeichert, sondern über die Niere ausgeschieden werden, vermindert sich ihr Bestand im Körper drastisch, wenn kein Nachschub kommt. Bei zuckerreicher Ernährung kommen logischerweise andere Lebensmittel, die die Vitamine liefern könnte, leicht zu kurz: Wer sich mit Süßigkeiten vollstopft, hat häufig kaum mehr Appetit auf eine Obst- oder Gemüsemahlzeit. Deshalb kann Zucker beziehungsweise eine zuckerreiche Ernährungsform einen Vitaminmangel mitverursachen.

Wir essen zu viel, zu fett und zu süß – so faßt die Deutsche Gesellschaft für Ernährung unsere Haupt-Ernährungsfehler in wenigen Worten zusammen. Bleiben wir beim Süßen: Wer weniger Zucker und Süßigkeiten ißt, schont nicht nur seine Vitaminreserven, sondern beugt auch Übergewicht und anderen negativen Folgen eines Zuviel an Süßem vor.

Welche Arzneimittel Ihren Vitaminhaushalt beeinflussen können

	Haupt-nähr-stoffe			Vitamine										Mineralstoffe										alle Nährstoffe
	Eiweiße	Fette	Kohlenhydrate	Vitamin B_1	Vitamin B_2	Vitamin B_6	Vitamin B_{12}	Folsäure	Vitamin C	Vitamin A	Vitamin D	Vitamin E	Vitamin K	Kalzium	Eisen	Fluorid	Jod	Kalium	Kupfer	Magnesium	Natrium	Phosphor	Zink	
Arzneimittelgruppe																								
Schmerzmittel, auch Anti-Rheuma-Mittel	●		●			●			●				●				●		●					
Appetitzügler									●															●
säurebindende und andere Magen-Arzneimittel				●						●				●	●	●		●			●	●		
Antibiotika		●		●	●	●	●	●	●	●	●		●	●	●			●		●	●		●	
Anticholinergika					●			●																●
Antidiabetika, orale	●		●				●							●										
blutdrucksenkende Mittel			●			●	●											●			●	●		
krampflösende Mittel						●	●	●	●		●		●	●										
Digitalisglykoside														●				●			●			
harntreibende Mittel			●					●						●				●		●	●		●	
Glukokortikoide	●		●			●			●		●			●	●						●	●	●	
»Pille«	●	●	●	●	●	●	●	●	●	●		●		●	●				●	●		●	●	
Abführmittel	●	●	●							●	●	●	●	●				●			●	●		
lipidsenkende Mittel		●	●				●	●		●	●	●	●	●						●		●		
Psychopharmaka:																								
– Neuroleptika								●						●				●		●				●
– Hypnotika	●							●	●		●			●								●		
Sulfonamide				●	●	●	●	●	●				●											
Tuberkulose-Mittel						●	●	●						●	●			●		●				
die Harnsäure-Ausscheidung fördernde Mittel	●				●		●		●					●	●			●		●	●	●		

Gesund mit Vitaminen – jeden Tag

Auf die richtige Lebensmittelauswahl kommt es an

Vielseitig und vollwertig

»Der Mensch ißt keine Vitamine, Mineralstoffe und Energielieferanten, sondern Lebensmittel und Mahlzeiten«, bemerkt der Ernährungspsychologe Prof. Volker Pudel – und hat mit dieser Feststellung mehr als recht. Kaum jemand wird ständig mit Küchenwaage, Nährstofftabelle und Taschenrechner kontrollieren, ob die Vitaminzufuhr stimmt.

Wichtig: Wer sich vielseitig und vollwertig ernährt und nicht zu einer Risikogruppe gehört, nimmt mit größter Wahrscheinlichkeit von allen Vitaminen so viel auf, daß die Versorgung gesichert ist. Was aber bedeutet »vielseitig« und »vollwertig« in der Alltagsernährung?

Vielseitige Ernährung – die sieben Lebensmittelgruppen

Wie kann man dafür sorgen, daß der Körper mit der richtigen Mischung von Lebensmitteln versorgt wird? Dazu haben Ernährungsberater eine Empfehlung für die Praxis erarbeitet, die für jeden leicht zu verstehen und umzusetzen ist. Unsere Lebensmittel lassen sich in einem »Ernährungskreis« in sieben Gruppen einteilen. Wer täglich aus jeder dieser Lebensmittelgruppen ein oder mehrere Lebensmittel zu sich nimmt, sichert seine Grundversorgung mit allen Nährstoffen – also nicht nur mit Vitaminen, sondern auch mit Mineralstoffen, Spurenelementen, Eiweiß, Kohlenhydraten und essentiellen Fettsäuren.

Jeden Tag »einen Kreis schließen«

Die sieben Lebensmittelgruppen im Ernährungskreis:
1. Obst
2. Gemüse, Salat, Kartoffeln
3. Brot, Backwaren, Getreide
4. Milch, Käse, Milchprodukte
5. Fleisch, Fisch, Eier
6. Fett, Öle, Butter, Margarine
7. Getränke

Immer richtig für die Vitaminversorgung: Obst und Gemüse

Sie sollten auf Ihrem Speiseplan an keinem Tag fehlen. Und besonders für Früchte und Gemüse gilt die Regel: je naturbelassener, desto vitaminreicher. Am besten ist es also, Obst und Gemüse so oft wie möglich als Rohkost zu essen. Wer viel Obst und Gemüse ißt, braucht sich um die Versorgung mit Provitamin A (β-Carotin), Vitamin C, Folsäure, Vitamin K und Vitamin B6 keine Sorgen zu machen. Obst und Gemüse können Sie bei vielen Gelegenheiten in das tägliche Essen einbauen: mit dem Apfel, der Birne, der Banane oder den Beerenfrüchten im morgendlichen Müsli, mit selbstgerührtem Früchtequark als Zwischenmahlzeit, mit Salat und Gemüse in den verschiedensten Variationen als Beilage oder als Hauptgericht bei der Mittagsmahlzeit, mit dem Rohkostteller zum Abendbrot.

Rohkost

Mein Tip: Mit frisch gepreßten Obst- und Gemüsesäften können Sie Ihre Vitaminreserven besonders abwechslungsreich, wohlschmeckend und erfrischend ergänzen. Auch die Kartoffel sollte öfter mal auf den Tisch kommen: Sie enthält, außer Vitamin D und Vitamin B12, alle Vitamine, dabei ist der Gehalt an Vitamin C, Niacin, Vitamin K und Vitamin B1 besonders hoch.

Frische Säfte

Kartoffel ist »in«

Getreideprodukte: Wichtig für die Versorgung mit den B-Vitaminen

»Unser täglich Brot gib uns heute« – diese Bitte hat in jeder Beziehung immer noch Gültigkeit. Ernährungswissenschaftlich betrachtet gehören Brot und andere Getreideprodukte aus dem vollen Korn zu unseren Grundnahrungsmitteln. Sie sind wichtige Quellen für die Vitamine B1, B2, B6, Niacin, Pantothensäure und Folsäure. Das Angebot an vielen leckeren Sorten bietet genügend Abwechslungsmöglichkeiten, so daß Brot nie langweilig werden muß. Ob als belegtes Brot, als Beilage zu Hauptgerichten oder als Grundlage für viele Snacks – Brot ist immer ein gesunder und schmackhafter Begleiter.

Brot aus dem vollen Korn

Mein Tip: Essen Sie auch häufiger mal ein Müsli mit geschrotetem Getreide oder mit Vollkornflocken, bei denen der Keimling mitverarbeitet wurde. Der Getreidekeim ist besonders reich an Vitamin E und wertvollen essentiellen Fettsäuren.

Vitamingehalt des ganzen Weizenkorns im Vergleich zum Weizenmehl: Die Verluste sind gravierend.

Vitaminverluste

Vitamin	*Ganzes Korn*	*Haushaltsmehl (Type 405)*	*Verlust*
Carotin	0,23	0,06	74%
Thiamin (B1)	0,48	0,06	88%
Riboflavin (B2)	0,14	0,03	79%
Pyridoxin (B6)	0,44	0,18	59%
Folsäure	0,049	0,01	80%
Tocopherol (E)	3,2	2,3	28%

(Werte in mg pro 100 g)

Milch und Milchprodukte sind unverzichtbar

Vollmilch enthält alle Vitamine

Vollmilch enthält alle Vitamine. Manche zwar nur in recht geringen Mengen (zum Beispiel Vitamin C), doch reicht ihr Vitamin-Gehalt aus, um beispielsweise ein neugeborenes Menschen- oder Tierkind, das von der Versorgung von außen abhängig ist, ausreichend zu ernähren. Besonders wichtig ist Milch für unsere Versorgung mit den Vitaminen A, B2 und B12; bereits ein viertel Liter pro Tag sichert die B12-Versorgung, Käse enthält besonders viel Vitamin A.

Milch und Milchprodukte sind nicht zuletzt deshalb so wichtig, weil sie neben den Vitaminen viel Calcium (wichtig für Knochen und Zähne) und wertvolles Eiweiß enthalten.

Fleisch, Fisch, Eier: Auf die Menge kommt es an

Fleisch – wichtiges Nahrungsmittel

Totaler Fleischverzicht muß nicht sein. In Maßen und in guter Qualität genossen, ist Fleisch nicht nur ein wichtiger Eiweiß- und Mineralstoffspender, sondern es enthält auch ganz beachtlich viele Vitamine. So gehört Fleisch zu den wichtigsten Lieferanten der B-Vitamine, insbesondere des Vitamin B1. Wahre Vitaminbomben sind Innereien, insbesondere Leber. Da Leber aber als Schadstoffsammler auch erhebliche Mengen Schwermetalle enthält, sollte man nicht häufiger als ein- bis zweimal pro Monat Leber essen. Leber von jungen Tieren (Kalbsleber) ist weniger belastet, da sich in ihr noch kaum Schadstoffe abgelagert haben können.

Fisch einmal pro Woche

Fisch sollte aus vielen Gründen häufiger auf den Tisch – nach Möglichkeit mindestens einmal pro Woche. Er ist eine hervorragende, meist kalorienarme Eiweißquelle, enthält – wenn es sich um Seefisch handelt – viel Jod, ein Spurenelement, mit dem viele von uns unterversorgt sind, und bringt darüber hinaus gute Mengen an den Vitaminen A, D, Niacin und B6 mit.

Eier sind gute Quellen für die Vitamine A, B2, B12 und Biotin, wegen ihres hohen Cholesteringehaltes sollten sie jedoch sparsam verzehrt werden. Ein bis zwei Eier pro Woche, mehr sollten es nicht sein.

Fette und Öle liefern die Vitamine A und E

Wenig, dafür aber von guter Qualität! Das sollte die Devise für den Fettverzehr sein. Die Vollwerternährung empfiehlt zum Beispiel Butter als tierisches Fett, da sie einen hervorragenden Gehalt an Vitamin A und etwas Vitamin D aufweist, und Pflanzenöle, möglichst kaltgepreßt, die neben den lebenswichtigen ungesättigten Fettsäuren auch einen wichtigen Beitrag zu unserer Vitamin-E-Versorgung leisten.

Öl – kaltgepreßt am besten

Getränke: Saft ist einen Versuch wert

Zucker- und koffeinhaltige Limonadengetränke sind »out«, wachsendes Gesundheitsbewußtsein läßt sie auf der Beliebtheitsskala sinken. »In« sind dagegen frische Frucht- und Gemüsesäfte aller Art, denn sie enthalten einen großen Teil der Vitamine, die im ursprünglichen Lebensmittel enthalten

Gesunde Schorle

sind. Mineralwasser ist dazu die optimale Ergänzung. Es enthält zwar keine Vitamine, liefert aber die wichtigen Mineralstoffe.

Vollwert-Ernährung: Damit die Nährstoffbilanz stimmt

Nach den Regeln der Vollwert-Ernährung sollten wir nicht nur weniger Fett und weniger Zucker, Schokolade und andere Süßwaren essen. Wir sollten vor allem darauf achten, unsere Lebensmittel möglichst naturbelassen zu verzehren.
Dahinter steht eine plausible Überlegung: Jede Bearbeitung und Behandlung von Lebensmitteln bringt Nährstoffverluste mit sich. Gerade bei den Vitaminen bestätigt sich das. So wird schon beim Schneiden oder Raspeln von Obst zum Beispiel eine ganze Menge Vitamin C zerstört.

Oberstes Gebot: naturbelassen und frisch!

Für die vollwertige Ernährung gilt als wichtigste Empfehlung zur Vitaminversorgung: mehr Gemüse, Obst und Vollkornprodukte essen! Gemüse ist die Lebensmittelgruppe mit der höchsten Dichte an Vitaminen und Mineralstoffen. Das heißt: Keine andere Lebensmittelgruppe enthält auf 100 Kalorien so viele Vitamine und Mineralstoffe wie Gemüse.

Gemüse hat die höchste Nährstoffdichte

Weil Gemüse insbesondere viel zur Versorgung mit den kritischen Vitaminen Folsäure und B2 beiträgt und einen hohen Gehalt an Ballaststoffen hat, kommt ihm ernährungsphysiologisch ein besonderer Stellenwert zu. Hülsenfrüchte, die auf unserem Speiseplan seltener auftauchen, sind nicht nur die eiweißreichsten pflanzlichen Lebensmittel, sie können auch einen beachtlichen Gehalt an den kritischen Vitaminen B1, B2, B6, Folsäure und Vitamin E vorweisen.

Zubereitung: Vitamine sind empfindlich

Richtig lagern

»Laßt Eure Nahrung so natürlich wie möglich« – hinter diesem Leitsatz der Vollwert-Ernährung steht auch die Empfehlung, Lebensmittel bei Lagerung und Zubereitung so schonend wie möglich zu behandeln. Immer, wenn Lebensmittel

Schonend zubereiten

erhitzt werden müssen, sollte dies in möglichst kurzen Garzeiten und bei möglichst niedrigen Temperaturen geschehen. Viele Vitamine vertragen weder zuviel Hitze noch zuviel Licht. Das führt dazu, daß Kochen, Braten, Backen und andere Garverfahren den Vitamingehalt auch sorgfältig ausgewählter Lebensmittel erheblich dezimieren können.
Im folgenden einige Beispiele für Vitaminverluste durch falsches Lagern und Zubereiten:

Aufbewahren

Selten ißt man frisches Obst und Gemüse direkt nach dem Einkauf. Nach kurzer Aufbewahrung in Küche, Keller oder Kühlschrank aber nimmt der Vitamin-C-Gehalt, beispielsweise bei Grüngemüse, drastisch ab. Wenn Spinat, Salat, grüne Bohnen oder Erbsen einen Tag lang in der Küche lagern, verlieren sie bis zu 40 Prozent ihres Vitamin-C-Gehalts. Nach zwei Tagen hat sich der Vitamin-C-Gehalt unter Umständen bereits um 80 Prozent reduziert.

Wichtig: Die Lagerung von Vitamin-C-haltigen Lebensmitteln bei Temperaturen oberhalb von 0 °C bringt häufig schon nach kurzer Zeit erhebliche Verluste.

Waschen

Obst und Gemüse sollte man nur kurz und unzerkleinert waschen, damit sie nicht auslaugen. Blattsalate nie längere Zeit im Wasser stehen lassen. Je nach Gemüseart gehen bei einem viertelstündigen Wässern zwischen 20 und 30 Prozent des Vitamin-C-Gehalts verloren, nach einer Stunde sind die Vitaminverluste bereits mehr als doppelt so hoch. Auch der Gehalt an Vitamin B1 kann nach einstündigem Wässern bereits um 20 Prozent verringert sein.

Wasser laugt aus

Zerkleinern

Geschälte Äpfel oder Kartoffeln werden in kürzester Zeit an den Schnittflächen braun. Diese »enzymatische Bräunungsreaktion« ist die Folge der Oxidation durch Sauerstoff. Dabei geht um so mehr Vitamin C verloren, je kleiner Obst oder Gemüse zerschnitten wird, und je länger es danach aufbe-

Vitamin-C-Schwund durch Oxidation

wahrt wird. Wer Spinat, Tomaten oder Bananen nach dem Pürieren oder Kleinschneiden stehenläßt, hat schon nach Minuten einen Vitamin-C-Verlust von cirka 10 Prozent. Nach zwei Stunden bei Zimmertemperatur kann bereits ein Drittel des Vitamin C verloren sein. Bei geschnittenem Weißkohl, Rotkohl und Chinakohl können die Verluste nach zwei Stunden Aufbewahrungszeit bis zu 60 Prozent betragen.

Zitronen-Trick schützt Vitamin-C

Tip: Zum Schutz vor solch hohen Vitamin-C-Verlusten träufeln Sie etwas Essig oder Zitronensaft über die frisch zubereiteten Lebensmittel, das verlangsamt den Abbau erheblich.

Schälen

Obst soll man nach Möglichkeit nicht schälen, Tomaten nicht enthäuten und Kartoffeln in der Schale kochen – bekanntlich sitzen in und unter der Schale die meisten Vitamine.
Der Vitamin-C-Gehalt bei Äpfeln und Birnen ist in der Schale um 10 bis 15 Prozent höher als im Fruchtfleisch, auch der Gehalt an den Vitaminen Niacin, Folsäure und Riboflavin ist in der Schale erhöht. Bei Tomaten enthält die Haut ebenfalls größere Konzentrationen an Vitamin C, Riboflavin und Niacin als das Fruchtfleisch.

Kochen, Warmhalten

Dämpfen und Dünsten schont Vitamine

Beim Kochen von Gemüse nimmt der Vitamin-C-Gehalt im Durchschnitt um die Hälfte ab. Dämpfen oder Dünsten, also wasserarmes Garen, ist ein schonenderes Verfahren, dabei reduziert sich der Verlust an Vitamin C nur um ein Viertel.

Neben Vitamin C und Thiamin (durchschnittliche Verluste durch das Kochen: 40 Prozent) wird besonders die Folsäure in Mitleidenschaft gezogen. In Versuchen wurden bei zweiminütigem Erhitzen Folsäure-Verluste von bis zu 80 Prozent registriert. Durch längeres Kochen und Warmhalten wird die Folsäure völlig zerstört.
Das Warmhalten von Speisen bedeutet vor allem hohe Verluste an Vitamin C, B1 und B2. Nach drei Stunden Warmhaltezeit bei 70 bis 80 °C können 50 Prozent an Vitamin C, knapp 30 Prozent an Vitamin B1 und ein Drittel an Riboflavin

verloren sein. Wenn's sein muß, die Speisen lieber noch mal aufwärmen, der Vitaminverlust ist dann geringer.

Die Verluste sind beträchtlich

Die mittleren Thiamin-Verluste beim Kochen, Dämpfen und Dünsten von Schweine-, Rinder- und Kalbfleisch betragen zirka 70 Prozent. Beim Braten, Backen und Grillen muß immer noch mit einem Thiamin-Verlust von etwa 40 Prozent gerechnet werden. Beim Backen von Brot liegen die Thiamin-Verluste zwischen 10 und 75 Prozent.
Übrigens: Beim Garen von Gemüse oder Fleisch in der Mikrowelle sind die Vitaminverluste teilweise erheblich niedriger als bei der konventionellen Zubereitung auf dem Herd.

Industrielle Bearbeitung

Daß uns trotz derartiger Vitaminverluste bei der Speisenzubereitung noch nicht der Skorbut hinweggerafft hat, haben wir unter anderem der Lebensmittel-Industrie zu verdanken.

Fertigprodukte sind besser als ihr Ruf

Die geht heute bei der Herstellung ihrer Produkte so professionell mit den Lebensmitteln um, daß dabei die Vitaminverluste meist geringer ausfallen als bei der Speisenzubereitung im Haushalt. Dazu der Ernährungsphysiologe Prof. Roland Bitsch: »Bei industrieller Verarbeitung können durch kurze Transport- und Lagerzeiten und durch moderne Verarbeitungs- und Haltbarmachungs-Methoden weitgehend standardisierte Bedingungen eingehalten und dadurch Nährstoffverluste in Grenzen gehalten werden.«

Sterilisieren, Pasteurisieren

Wer käme schon auf die Idee, daß beim großtechnischen Sterilisieren und Pasteurisieren der Lebensmittel die Nährstoffverluste geringer sind als bei haushaltsüblicher Zubereitung? So gilt das Sterilisieren durch Hochtemperatur-Kurzzeit-Erhitzung immer noch als das schonendste Verfahren zur Erhaltung hitzeempfindlicher Vitamine.

Ultrahocherhitzen

Ein gutes Beispiel dafür bietet die Milch. Pasteurisieren (pasteurisierte Vollmilch) und Ultrahocherhitzen (H-Milch) lassen den Gehalt der Milch an Vitamin A fast unvermindert und reduzieren die Vitamine der B-Gruppe um nur 5 bis maximal 20 Prozent. Lediglich bei längerem Erhitzen, zum Beispiel bei sterilisierter H-Milch, sind die Vitaminverluste größer: Vitamin B12 wird dabei fast vollständig zerstört, andere Vitamine können bis zu 50 Prozent verloren gehen.

Gegen den Vitaminschwund in der Küche

Sie wissen jetzt, wo Vitamine zerstört werden oder verloren gehen und können Verluste durch Zubereitung und Lagerung mit etwas Aufmerksamkeit reduzieren:

Besser einkaufen – überlegt lagern

- Kaufen Sie Obst und Gemüse immer möglichst erntefrisch.

Obst: auf die Sorte achten

Bei vielen Obst- und Gemüsesorten variiert der Vitamingehalt von Sorte zu Sorte erheblich. Beispiel Äpfel: Wer für die Sorte »Berlepsch« (24 Milligramm Vitamin C pro 100 Gramm) schwärmt, nimmt mit diesem Apfel mehr als sechsmal soviel Vitamin C auf wie mit einem Apfel der Sorte »Morgenduft« (3,6 Milligramm Vitamin C pro 100 Gramm). Besonders vitaminreiche Apfelsorten sind Boskop, Ontario, Maigold. Vitaminarme Schlußlichter sind die Sorten Granny Smith, Jonathan und Morgenduft.

Bei den diversen Sorten anderer Obst- und Gemüsearten sind die Schwankungen ähnlich stark und da der Vitamin-Gehalt der Produkte nirgends angegeben wird, ist der Verbraucher an der Obst- und Gemüsetheke in dieser Hinsicht ziemlich hilflos.

Informieren Sie sich!

Wer sich über den Vitamingehalt von Obst- und Gemüsesorten informieren will, kann bei der Deutschen Gesellschaft für Ernährung, beim Allgemeinen Informationsdienst für Ernährung (AID) oder einer Verbraucherberatungsstelle an seinem Wohnort nachfragen. Weil aber Transportwege und Lagerungszeiten einen so starken Einfluß auf die Vitamine haben, können auch diese Auskünfte keine tatsächlichen Werte beinhalten.

Die Anbauform scheint für den Vitamingehalt von Obst und Gemüse kaum eine Rolle zu spielen, wogegen die Gehalte an Schadstoffen bei Produkten aus alternativem Anbau gegenüber jenen aus konventionellem Anbau geringer sein können.

Lage und Bodenbeschaffenheit, Zeitpunkt der Ernte, Reifegrad und klimatische Verhältnisse während des Wachstums wirken sich aber ganz erheblich auf den Vitamingehalt pflanzlicher Lebensmittel aus.

• Verbrauchen Sie Obst und Gemüse möglichst noch am Tag des Einkaufs. Besonders Blattsalate verlieren auch im Gemüsefach des Kühlschranks innerhalb eines Tages erhebliche Mengen Vitamin C. Auch Spargel, Pilze, Broccoli, und Erdbeeren verlieren schnell Vitamine.

• Kaufen Sie Gemüse mit Stumpf und Stiel. Lassen Sie zum Beispiel beim Kohl nicht den Strunk, bei Kohlrabi oder Möhren nicht das Kraut entfernen. Bei optimaler Lagerung produzieren die Blätter von Kohlrabi und Blumenkohl noch neun Tage nach der Ernte Vitamin C und transportieren es in die eßbaren Teile.

• Lassen Sie frisch eingekauftes Obst und Gemüse nicht unnötig lang unverpackt und ungekühlt herumstehen.

Einfrieren schont Vitamine

• Frische Produkte kann man länger lagern, indem man sie direkt nach dem Einkauf einfriert. Das Tiefgefrieren schont Vitamine und andere Nährstoffe optimal.

Gemüse vor dem Einfrieren blanchieren – also für kurze Zeit in heißes Wasser tauchen. Das legt bestimmte Enzyme (Ascorbinsäure-Oxidasen) lahm, die normalerweise während der Lagerzeit Vitamin C abbauen.

Die Verluste bei der Tiefkühllagerung von Gemüse, bei einer Temperatur von mindestens minus 18° C, beschränken sich durch das Blanchieren auf 1 bis 5 Prozent pro Monat.

Licht zerstört Vitamine

• Schützen Sie unverpacktes Obst und Gemüse sowie Milch und Pflanzenöle vor Licht. In Pflanzenölen leidet besonders das Vitamin E unter dem Lichteinfluß.

Gesundheit und Genuß

Rezeptideen für die vitaminreiche Küche

Vitaminreich essen und trinken ist keine Kunst – wenn man sich an einige Grundregeln hält.
Wer regelmäßig Frucht- und Gemüsesäfte trinkt, sorgt damit gleichzeitig jedesmal für einen kleinen Vitaminstoß. Beim Entsaften bleiben Vitamine und Mineralstoffe fast vollständig enthalten – somit bieten flüssiges Obst und Gemüse unserem Organismus alles, was er für sein Wohlbefinden braucht.

Auch eine gezielte Verbesserung der Versorgungssituation mit Vitaminen kann in dieser wohlschmeckenden Form erreicht werden, zum Beispiel durch Orangen- oder Johannisbeersaft als Vitamin-C-Schub, Gemüsesaft für die Folsäureversorgung oder Möhrensaft als Carotin-Stoß.

Wichtig: *Reine Fruchtsäfte* haben einen Fruchtanteil von 100 Prozent (aus Konzentrat oder Saft). *Fruchtnektare* enthalten bis zu 50 Prozent Fruchtanteil. In *Fruchtsaftgetränken* beschränkt sich der Fruchtanteil auf 6 bis 30 Prozent als geschmacksbildender Zusatz. *Diät-Fruchtsäfte* werden mit Zuckeraustauschstoffen gesüßt und haben cirka 50 Prozent weniger Kalorien als vergleichbare Säfte.

Vom Trinken zum Essen: Den vollen Vitamingehalt von Obst und Gemüse und alle anderen wichtigen Nährstoffe sichern Sie sich mit Rohkost und Salaten. Als Beispiel dafür, wie lecker und abwechslungsreich vitaminreiche Kost sein kann, stelle ich Ihnen nachfolgend ein paar Rezeptideen vor, die Sie nach eigenem Geschmack variieren, zubereiten und würzen können.

Chicoreé-Orangen-Salat

mit einer Sauce aus Quark, Honig und Zitronensaft,
garniert mit gerösteten Mandelblättchen.

Besonders reich an Vitamin C.

Apfel-Sellerie-Rohkost

Äpfel und Sellerie raspeln,
mit Porreeringen
und einer Sauce aus saurer Sahne, Zitronensaft, Ölivenöl,
etwas Meerrettich und Gewürzen anmachen.

Guter Gehalt an Vitamin E und C.

Spinatsalat mit Kichererbsen und Sojasprossen

Spinat und Sprossen mit
eingeweichten und gekeimten Kichererbsen vermischen.
Mit Zwiebelringen garnieren
und mit Dressing aus Essig,
püriertem Knoblauch,
Salz, Pfeffer und Öl anmachen.

Die absolute Folsäure-Bombe – nicht zuletzt wegen des hohen Folsäure-Gehaltes der Kichererbsen!

Fenchel-Möhren-Rohkost

Fenchel in Streifen, Möhren in Stifte schneiden,
mit kleingeschnittenen Lauchzwiebeln mischen.
Dazu Dressing aus Zitronensaft, Öl, Salz und Pfeffer.

Reich an Carotin und Vitamin C.

Der Vitamin-Verwöhntag

Frühstück – kerniges Müsli

2 gehäufte Eßlöffel kernige Haferflocken,

1 Birne (alternativ: eine Frucht Ihrer Wahl),

1 TL Weizenkeime, 1 TL gehackte Haselnüsse,

1 Becher Vollmilchjoghurt, etwas frische Vollmilch.

Zubereitung: Birne schälen und in Stücke schneiden oder raspeln und mit den restlichen Zutaten vermischen – mit wenig Aufwand bereits eine Superdosis Vitamin C, B1 und E.

Dazu ein Glas Fruchtsaft und eine Tasse duftenden Kaffee.

Fitmacher für die Kaffeepause

1 Stück frisches Obst,

Joghurt natur oder mit Früchten,

Vollkornkekse oder ein Knäckebrot,

belegt mit Banane, Quark , Gurke oder Tomate.

Mittagessen – Rotbarschfilet in Senfsoße

125 g Kartoffeln, 150 g Möhren, Kräutersalz,

175 g Rotbarschfilet, 1 EL Zitronensaft,

150 ml Gemüse-Hefebrühe, 2 EL (40g) saure Sahne,

2 TL mittelscharfer Senf, Pfeffer, 1 TL (5g) Öl.

Zubereitung: Kartoffeln (ungeschält) kochen, Möhren in Stifte schneiden. In wenig kochendem Salzwasser ca. 8 Minuten dünsten. Fischfilet mit Zitronensaft beträufeln. In der Brühe etwa 8 Minuten gar ziehen lassen. Saure Sahne und Senf verrühren, kurz erwärmen, mit Salz und Pfeffer abschmecken. Petersilie über das Gemüse und die geschälten Kartoffeln streuen. Mit Fischfilet und Soße anrichten.

Vorweg einen Chicoreésalat mit Zuckermais

und einem würzigen Roquefortdressing.

Als Nachtisch Quarkspeise mit Früchten.

Die Vorspeise bringt Folsäure, die Möhren Carotin, der Rotbarsch steuert Vitamin D, E und Niacin bei. Der Quark in der Nachspeise liefert Vitamin B 12.

Energiespender am Nachmittag

1 Müsliriegel

oder 1 Stück Vollkornkuchen.

Abendessen – leicht doch phantasievoll

Machen Sie mehr aus Ihrem »Abendbrot« als belegte Brote. Reichen Sie zum Beispiel Vollkornbrot ganz einfach als vitaminreiche Beilage zu einem kalten Salat, bei dessen Kreation Sie Ihrer Phantasie freien Lauf lassen können.
Einige Anregungen:

Fruchtiger Reissalat mit Kiwi,

Orange und Lachsschinken.

Knackiger Nudelsalat mit Apfel, Orange und Ananas.

Paprika-Mais-Salat mit gekochtem Schinken

und einem Dressing aus Essig, Öl und Kräutern.

Champignon-Radieschen Salat,

garniert mit Friseesalat und gekochtem Schinken,

ebenfalls in Essig-Öl-Dressing.

Dazu gibt's nochmal einen Frucht- oder Gemüsesaft

oder eine Schorle (Fruchtsaft mit Mineralwasser).

Vitaminreiches Betthupferl

Frucktcocktail

Ein so gesunder Tages-Ernährungsplan läßt sich in vielen Variationen wiederholen. Mit den in diesem Buch vermittelten Grundkenntnissen und etwas Spaß am guten und gesunden Essen verbannen Sie die Langeweile von den Tellern und bringen statt dessen eine abwechslungsreiche und vitaminreiche Kost auf den Tisch.
Fitneß, gutes Aussehen und Wohlbefinden sind reicher Lohn für die vergnügliche Mühe!

Register